生活美学
系列图书

借庐而居

稻田读书 ——— 主编

中国旅游出版社

目 录
Contents

第三章

日出云归 清风徐来

檐，疏雨相过，才是画中的烟雨江南

第一章

檐前听雨
静处喝茶

溪山深渡

一念入深，寻美而渡

文 周华诚

在深渡的房间，
可以对着窗外的山景云影闲坐，
一坐，就是半天。
云影是缓慢行走的，山色是渐次变化的。

1

那是我所感受过的，最有"进入仪式感"的地方——山路迢迢，溪回峰转；到了溪山深渡门前，还要过一座吊桥，跨一道山门。

栈道弯弯，穿过密密竹林，溪声哗然，这溪声让整个山谷愈显安静。沿木栈道拾级而上，两栋黄泥夯土墙的老房子出现在眼前。

这夯土墙的老房子，也不是记忆中的老旧模样了，极具设计风格的餐厅、钢架楼梯与门窗，以及三两错落的花草，还有夯土墙上的深渡名字，眼前的一切，既熟悉又充

穿过密密竹林，溪声哗然

满文艺气息。

　　到二楼平台，看一看房间名，更令人惊叹。房间名是——惊雨，云空，山蔼，雨前，笑上，清潭，鸟鸣，石泉，竹隐，解颜。

　　我住的这一间，叫"惊雨"。

　　出处是一首诗："潇洒桐庐郡，春山半是茶。新雷还好事，惊起雨前芽。"这是范仲淹的诗。

　　这些房间名都出自范仲淹的诗作，《萧洒桐庐郡十绝》。老范的诗作，千百年来，一直是桐庐最好的广告词。现在人们来了深渡，就觉得，哇，这些名字太适合不过，几乎就是为深渡而写的诗句啊。

　　"家家竹隐泉""心共白云空""乌龙山蔼中""绕舍石泉声""笑上木兰舟"……这些诗句，用来形容眼前景，是多么贴切。一下子觉得，这个位于桐庐富春江镇芦茨村山野之间的溪山深渡——2019年度的浙江省"金宿"——是一个多么好的、适宜诗意栖居的所在，也有一个多么好的、把生活过成诗的故事。

2

深渡女主人李梅，第一次来到深渡所在地时，对着这片溪山看了很久。

那时也是这样的春天，溪边的桃花刚开，对岸的竹林间掩映着两三座破败的房子。一条溪，也没有桥，怎么跨到溪对岸的山上去呢？李梅犯了愁。

她问身边的先生，对面的人平时怎么出去呢？

靠走呀，翻山，过溪。

那发大水的时候怎么办？

那就不进不出了。

那时她只当是玩笑的话。在平原生活的人，想象不出山里涨大水是什么样子。

这个很少体会到生活艰辛的女子，没见过山溪洪水汹涌激荡的可怕。她只是觉得这块地方太好了，要是在对岸山坡上做民宿，该多美啊！

没有桥，那就造一座桥。

没有路，那就修一条路。

真的动工了，人家说，你怎么选了一个谁都喜欢却没人敢要的地

通过晃晃悠悠的吊桥，迈过一扇山门，就进入了一个幽静清雅的所在

拥有夯土墙的老房子

方来做民宿？又偏又野，还要修路架桥，太折腾了。

李梅说，就是这一点最让我动心啊，你看，这里多美啊！

为了美，她是愿意付出很多代价的，或者说，这几十年来，她就是为了追逐美而来的。

她是江苏常熟人，桐庐媳妇，跟随先生来到了桐庐。常熟的书画氛围浓重，她自小也喜欢文艺，热爱写写画画。开民宿之前，她开建材公司，为开发商做配套，生意也做得好，一空下来就是写字画画。她的书法，练了快二十年。

写字带来了什么变化呢？回头想一想，这十几年间的故事，或多或少，都跟写字画画有着某种奇妙的联系。

譬如，选择这么一个山水之间的所在，构建一处理想主义的栖居之地，难道不是中国传统文人沿袭千年的意趣和追求吗？

民宿房间，墙上的字画，开窗所见的山水，不也是书画艺术长久熏陶出的眼界吗？

从外面的世界来到这山里，缘溪前行，超然寻觅，不就是一幅当下的《溪山行旅图》吗？

甚至于床头的册页、餐厅的菜单，都是李梅自己用毛笔写的——几行娴雅的小字，隐隐传递出来的，亦是对生活极致之美的热爱与追求。

民宿的设计，请的是享誉亚洲的中国台湾禾安设计的陈钦河先生和王雯玲小姐。李梅和他们一起，带着柴刀钻进丛林，测量现场，碰撞火花，一点点修改和完善设计方案，最终，老房子呈现出了动人的氛围，一切都太美妙了。

在李梅的讲述中，尽管架桥铺路、装修建设无比艰辛烦琐，但那些都只是过程中的艰辛。2018 年 7 月，溪山深渡完成所有的室内外建设和布置，开始营业。此时，呈现在众人面前的溪山深渡，如此宁静美好。一座吊桥，仿佛是连接外部世界与理想世界的通道，古朴自然，又与环境完美融合。通过晃晃悠悠的吊桥，迈过一扇山门，就进入了一个幽静清雅的所在——深渡，你半生寻觅的地方，就是这里了。

在深渡的房间，可以对着窗外的山景云影闲坐，一坐，就是半天。

云影是缓慢行走的，山色是渐次变化的。溪声连绵不绝，鸟儿窗前飞过。坐久落花多。坐久了，还可以看见五月梅在泳池边渐次开放，听见芭蕉在风中浅吟低唱。

李梅说，这一切正是她在脑海中想象了无数遍的理想生活。

在这样的地方，喝茶，读书，听琴，焚香，写字，画画，把时间调慢，跟自己对话。

现在，她把这样一种美好的生活方式，呈现给每一位向往这种理想生活的朋友。

美，从来不会带给人任何压力，一切都是舒适极了的。只是在一抬头、一注目之间，那美就缓缓地流淌于身边，流淌进你的心里了。

3

因了溪山深渡，更多的美，接踵而来。

苏州青年书法家秦健，因为某些机缘来到了溪山深渡，在这里挂牌了苏州春禾水墨创作基地。桐庐画家唐逸，也在溪山深渡挂牌了创作工作室。平日里，往来溪山深渡的书法家、画家、作家、诗人络绎不绝。

大家来了，在欢声笑语中挥毫泼墨，吟诗作画。

若不是书法家、画家、作家、诗人，就不能来么？非也非也。慕名而来的人也很多——来了就喝茶品茗，画画团扇，不会写字也没关系，在团扇上画一枝竹子，或两朵梅花，笔触拙朴也没有关系，画好了扇子，自己带回去收藏。

在这里，可以把时间调慢，跟自己好好对话

还有些朋友来学插花。花材是山上都有的，枯树枝，白芦苇，新茶花，野蕨叶，随意地插在坛坛罐罐里，也是别有生趣。

上海来的客人，吃完饭，就换上很漂亮的裙子下楼，在门前拍照。拍完了，修修图，发朋友圈。

杭州的一帮朋友，尤其喜欢溪山深渡的酒，土烧酒，李子酒，桑葚酒，梅子酒，都好喝极了，换着喝，一样一样喝过来。

也可以在一楼超大的公共空间做植物染，染一块自己喜欢的茶巾。溪山深渡的私房茶不错，红茶配的陈皮，喜欢喝的人很多。有的客人喝了喜欢，就带几包茶叶走。

二月底三月初，竹林里笋很多，客人跃跃欲试去山上挖笋。也可以采茶。李梅把村民一片荒废的茶园整理出来，客人可以自己采茶，然后自己在锅里炒起来，第二天带回去。

溪山深渡与村民们也成了一家子。秋天村民捡了毛栗子，就送到民宿来。采了野蜂蜜，晒了毛笋干、黄花菜干、红薯淀粉，也送到民宿里来。李梅说，村民们的土特产，东西是很好的，他们拿进城去卖，路远费事，李梅就直接收进来。给客人吃，或者用自己的渠道包装和销售，这样也帮村民们增加一点收入。

民宿不仅是一处住宿的地方，也是连接城市与乡村的一座桥。

有了这座桥，城里人会发现乡村的美，村里人会看到城市的好。

也正因此，李梅在溪山深渡平稳运行的基础上玩起了文创产品。得益于她的书画艺术修养，他们家的文创产品内容丰富，有非常强的设计感，一经推出就广受欢迎。

譬如他们的"茶香礼盒"就特别畅销，还有桐君山中草药的护眼罩、桐君问茶礼盒、各种各样的果酒，等等，就像一个宝藏，不断地给人惊喜。

渐渐地，村民做的野茶、酿的小酒、高山桃园晒出的桃胶，配上精致的文化包装，成了"深渡红茶""李梅酒""深渡桃胶"；取未经提炼的赭石，加草木灰研发成釉，烧制出的浅绛釉杯盏，也是"深渡美物"的代表；手绘的古风团扇，也受到客人喜爱。

最高的标准，莫过于美好。

在溪山深渡最大的感受，也正是美好。

山居生活，四时皆美。冬天是冷的，下雪之后，有隐世之美。春天是欣欣向荣的，春山一夜听涛声。夏天和秋天，都有各自说不完道不尽的美，若客人在此住着，可以一一体会。

李梅在溪山住着，自己有时也不想回城里去。她常开车往返于桐庐市区与溪山深渡之间，晨昏之时穿越城乡，感受很不同，而对生活之美的追寻，都在这样的穿行里了。有时候，她甚至觉得自己就是那匹行进在《溪山行旅图》中的骡马，一路前行，一路所见，缓缓而来的，都是画意与诗情。

夜深时，我在"惊雨"入住，翻读床头主人手写的册页，品读范仲淹的诗句："潇洒桐庐郡，春山半是茶。新雷还好事，惊起雨前芽。"吟哦之间，一夜深眠。

晨起推窗，半山云雾。

花筑·云松涧
一个自然野趣之地

文 简 儿

美是自然，不矫揉，不造作。
美也是我眼前这个穿蓝布裙、
有着明媚笑容的清丽、率真的女子。

沿着翠竹掩映的山路，爬上一个陡坡，推开一扇小竹门，眼前豁然开朗：一座庭院，中间一个天蓝色游泳池，像镶嵌的明珠。两三幢二层小楼环绕成一个合院。

此地便是云松涧。这三个字真好。云是白云，松是苍松，涧是溪涧。有云有松有涧之地，是一个自然野趣之地，亦是归隐山林之所。

山东姑娘白云在这里安了一个家。也许冥冥中一个人，与一个地方，会有着神奇的缘分。初来桐庐，白云就被这里的山水深深吸引。白云特别喜欢桐庐，尤其是雨天，下个毛毛雨，烟雨蒙蒙，实在太美了。平时过来一般住民宿，那就建个民宿吧。脑袋一热，说干就干。

一池碧水，映照着蓝天白云

当初这里是一座废弃的小学校，几间破房子，一点一点被打造成现在的样子。想想真不容易，也不知道自己是怎么撑过来的。也许就是凭着一腔热情和喜欢吧。

喜欢一件事，就会全力以赴。就算付出再多心血和汗水，也甘之如饴。

1

初见白云，她是一副典型的文艺女青年的装束：穿一件藏蓝色布袍，扎一根麻花辫，一双水灵灵的大眼睛，一笑脸上露出两个酒窝。白云有姐姐叫白雪，妹妹叫白鸽，弟弟叫白霜，名字都是爷爷

来到这里就像回家，掬一捧山泉水，洗去一身的疲惫

取的。白云小时候就是一个很有主意的女孩子。爸爸总是无条件支持她，并且对她说，喜欢一件事，就尽全力去做。当她开口和姐姐、弟弟、妹妹商量一起做民宿时，爸爸第一个支持，说，一家人齐心协力，抱团去做一件事，就没有什么事情做不成。事情既然是白云扯起的，她身上的担子自然也最大。她一个人先来踩点，铺路，把民宿做出个雏形，这才邀姐姐、妹妹和弟弟过来。大家来了，也都喜欢这个地方，更多的是出于对白云的信任，以及兄弟姐妹的情谊，纷纷投钱参了股份。

　　如果不是有那股子恒心、毅力，和亲人的扶持，这件事铁定做不成。白云现在回过头来想，觉得自己真是了不起。

　　就像打造一个家一样，一点一点，打造成自己喜欢的样子。

　　白云说："我最喜欢院子中央那个游泳池，我喜欢大海，也算是圆梦吧。当初和设计师说，一定要有个游泳池，哪怕小一点也没关

系。一池碧水，映照着蓝天白云，晚上打了灯光，就更漂亮了。我
顶喜欢坐在游泳池边的休闲椅子上，什么也不想，就那么发呆，放
空自己。

我希望来这里的人，都能找到心灵憩息之地，卸下身上的负
担，回归自我，让灵魂变得自由、澄净。"

泳池两旁即是庭院，铺了青石地砖，庭中栽了海棠、山茶、灯
笼花。人间四月，芳菲谢尽，只余下青碧的枝叶，向着日光亭亭
生长。

就像女主人，一直向着阳光，奋力生长着。

2

抬着一筐枣，去花园里的石桌子上晒。

枣是从山东老家带过来的。摘下来时还是青枣。晒了好些时
日，渐渐变得皱巴巴，呈乌红色。

好时光是慢慢度过的。

就像一颗枣子，在时光里慢慢变红，变甜。

白云说："很奇怪呢，从前赚很多钱，可是并不觉得快乐，反
而内心总是很浮躁、焦虑。特别讨厌饭局和应酬，觉得每天都在虚
度光阴。来到这里以后，内心有一种踏实和满足感，每一天都很充
实、很开心、很快乐。"

早上起来，去花园里浇花，修剪一下花枝。在山上看见一株野
花，摘下来插到一只古朴的瓶子里，想着摆在茶几上好呢，还是餐

桌上好呢。想个老半天。就是这些芝麻绿豆的琐碎小事，却充满了乐趣。一个人若是打心眼里喜欢、热爱一件事，就不会觉得辛苦，也不会觉得枯燥。好多朋友问白云，你为什么要费那么大力气，投那么多钱，去做民宿呢？

白云答，因为喜欢呀。

喜欢是最大的理由。就像喜欢一个人，你会越陷越深。

白云的性格中有很倔强的一面，一件事情，一旦认定了，就会倾尽全力去做。

爸爸说她"像一匹野马，桀骜不驯"。

她也比较独立，这是来自妈妈的教育。小时候，妈妈就教育她，不要依附任何人，就是将来长大嫁了人，你还是独立的自己。自己赚的钱自己花，不要伸手向别人要。

用自己赚来的钱去买东西最香。

用自己赚的钱去买一套房子，住在里面的感觉也是不一样的。太踏实、太自在了，处处都是自由的空气。

白云的家庭很幸福。她和老公青梅竹马，两个人感情笃厚。生了两个孩子，平时都是老公在照顾。老公对家庭的付出更多一些。自己两头跑，兼顾不了家里。这次过来住了快一个月了。"老公催我回家。可是走不掉啊，越来越觉得大事小事非亲力亲为不可，连客人订一桌菜，菜单也是我写的。"

庭院里有落叶，她拿柄扫帚哗哗哗扫落叶。

扫完落叶，又拿把砍刀去山上砍笋。一会儿砍了一麻袋，活脱脱一个女汉子。

用粮食酿酒。专门做了酒窖，用来储存米酒，还有杨梅酒、猕猴桃酒、青梅酒。

快乐其实很简单，就在这些日常琐碎、山野吃食上。

种瓜得瓜，种豆得豆。你付出多少，就会收获多少。

岁月从来不会辜负一个勤勉、用心的人。

3

她会在空下来的时候，坐在落地玻璃窗前，这儿看看，那儿看看，觉得哪个地方还不太完美，就再修整一下。

白云是个急性子的人，想要做的事情必须马上着手去做，挨不到明天。

屋后有个土坡，荒废着，把土坡填平，铺了木地板，做成一个观景台。

登上观景台，极目远眺，远山淡影，朦朦胧胧。一株青松，兀自立在悬崖旁。几百年的老松了。瘦且苍遒，造型、姿态都像一幅古画。

云雾起时，那株松隐在缥缈云雾间，宛如在仙境里。

远远地看一株松，就是一件美好的事。

美好的事还有：在观景台的小圆桌上铺一块桌布，点上两支蜡烛，摆一只古朴的花瓶，插一束野花。一盘清炒莴苣，一盘罗汉笋，一个豆腐煲，吃一顿春天的晚餐。再来一壶豆浆，取山上的清泉磨豆子，喝起来有股淡淡的甜。山上的一切皆是宝。人居山野，

清一色的落地玻璃窗，可以望见远处起伏的山峦

会生出感激和欢喜，那是对天地万物的感激和欢喜。

白云以前是个植物盲，几乎什么植物都不认识。到了山上，渐渐叫得出许多植物的名字。她说："草木有情，我看见她们觉得很欢喜。她们看见我亦觉得欢喜。"

这也是她住在山上的收获。

4

平时会经常去山上转悠吗？

就在附近走一走，去的最远的是紫燕山。

下午，我们和白云一起去参加樱桃节。一路上人山人海，都是去参加樱桃节的。回来的人把车窗摇下来，告诉我们，去要花一个小时，都堵在路上哪。

白云一点儿也不着急。她把车靠在路旁，打开手机给老公打电话。向他汇报这几天接待了几拨客人，发生的有趣的事，电话那边的人耐心地听着。看得出这是一个被老公宠爱的女子，心中有爱，脸上有光。我想，一个人只有被人宠爱着，心中才会无所畏惧，因为有人会给她兜底，就算摔到谷底也没有关系。

再苦再难的时候，有亲人、爱人的支持，咬咬牙就坚持过来了。一个人的潜力是无限的，觉得过不去时，就熬一熬，熬一熬就过去了。

白云准备把隔壁的老房子盘下来，再扩建几间客房。她说，隔壁的老房子是一个杭州人买的，也不来住，就那么荒废着，太可惜了。

她还准备把屋后的那片空地，打造成一个游乐场。

在去樱桃节的路上，白云向我描绘着未来的蓝图。这个四十来岁的女子，踮着脚尖，穿过风车长廊，用手一下下拨弄风车。风车呼啦啦转动起来。

谁说她心中没有一个天真烂漫的女孩子呢？

她就是一个天真烂漫、顽皮可爱的女孩子呀！

5

民宿统共有 19 间客房。皆以云字开头：云涧、云霭、云竹、云雾、云雨、云霞……山之四季，自然变幻是最美的。白云想让每一个来这里居住的客人，都能感受到山野之美、自然之美、造物之美。

房子都是清一色的落地玻璃窗，可以望见远处起伏的山峦、山上的翠竹和七彩树。这是一个被山峦怀抱的居所呢。

烟灰色木地板、木沙发、茶几、木床，呈现出简单、清新、质朴、自然的风格。

客人来到这里就像回家。掬一捧山泉水，洗去一身的疲惫。

泡一壶春茶，坐在庭前的花树底下，慢慢地喝。

好光阴就是一个春日，来到一个溪云升起之地，什么也不想，什么也不做，只是发发呆，喝喝茶，度过一个闲散、慵懒的下午。

大厅有一个书吧，几张木桌子，天蓝色沙发，两三个书架筑起一堵书墙，满满当当摆着书，像一个小型图书馆。

来这里的客人，从书架上取一本书，坐在沙发一隅闲闲地读着。

玄关处，摆着一台老式唱片机、一盆兰花。屋子里的摆设、布置，处处透着匠心，以及女主人的审美。

专门学过设计吗？

没有啦，就是去的地方多了，看得多了，自然而然就明白什么是美。

美是自然，不矫揉，不造作。

美也是我眼前这个穿蓝布裙、扎麻花辫、有着明媚笑容的清丽、率真的女子。

厚院·郑城村舍

每一栋房子都有故事

文 何婉玲

这条春溪，并不叫春溪，
管家也不知道它叫什么名字，
春天就叫它春溪，夏天叫夏溪，
秋天叫秋溪，冬天叫冬溪。

1

周青在美国印第安纳州生活的时候，就不喜欢 urban
（都市），她喜欢市郊的一些地方。

2011 年，当周青的先生陈向阳决定做乡村项目后，
周青跟着他跑遍了浙江，寻访了五十几个村落。他们开
着车子在桐庐的大山里绕，一路开到白云村。白云村的
空气像氧吧一样新鲜，水库里的水盈盈如碧玉，山路狭
窄，绿林夹道，到达山顶，却豁然开朗起来，青山环绕，
田畴交错，古老的房子静静地矗立在山间，简直是世外
桃源。

每一栋房子都有它自己的故事

这是他们第一次来到郑城村。

这是一个始于唐末的江南村落，郑城村独特的地理位置、干净的水源空气以及完好的村落形态吸引了他们。

当时的郑城村几乎是空心村，倒塌、废弃的房子随处可见，一片荒败，村民外迁，只有一些不愿走的老人留守着自己的土地。这些老人大多八十多岁，见有外人来，笑容就漾满了脸，他们高兴啊，因为总算有人可以讲话了。

周青问老人："阿姨，我可不可以到你家吃饭？"

"可以可以。"阿姨热情招待。

农家的饭菜简单，用餐时，鸡和鸭就在脚边转来转去。

就在这顿便饭中，陈向阳和周青做了最大的一个决定：就是这儿了！

最传统的人情，最自然的村味，他们要的就是这种感觉。

他们找到横村镇政府，2013 年租下这片土地，开始一点一点建设。

面对这片老屋子，陈向阳决定重修而不是重建，他希望最大程度地保留这个村落原来的面貌，不管是房屋的外观，还是它的内在结构，甚至整个村落的地貌、地块，他都把"尊重"作为第一要素。

"每一栋房子都有它自己的故事，它默默承载了几代人的喜怒哀乐，也许不曾繁华，也谈不上什么美学风格，但却是最温暖的家园和归宿。我们尊重村子原有的历史和风貌，通过内部环境改造而不是建筑重建，来让其更适应现代人的生活。"

"旭日东升"是村落里最老的一幢房子，有 200 年历史，历经六

传统的人情，自然的村味
古老的房子在古老的土地上，焕然一新

代主人。房子的石头、木材是最老的屋主从田野边、河滩边一点点运回来的。离开了主人的屋子，破损、残败，早就失去了原来的面貌。

旧屋改造的成本，远比新建要高，光是"旭日东升"的改造费就花了170多万元。

"我们每栋房子都是不一样的，每一栋房子都有前世和今生。我们希望这片被人废弃的村庄，能够重生，变成一个宝。"

旭日东升、奔向四化、春风得意、风华正茂、鸟语花香……古老的房子在古老的土地上，焕然一新。

郑城村所在的横村镇，是全国著名的针织镇，全国70%的帽子、围巾、手套来自横村镇，家家户户都有小作坊。陈向阳租下村落后，在一间屋子门外发现了一台机器，是村民过去使用的编织机器。他们爱物惜物，旧物利用，将这台机器的零件拆开，融入房子，做成了装饰品。

他们还把这个村落拆下来的旧窗户，全部集中在一幢房子里，用作墙面、灯具的装饰。

"如果有幸，你看到屋顶一小块墙皮剥落下来，你会感受到岁月的痕迹，这会是非常独特的体验。"

厚土养人，厚德养心，他们将这片村落取名为"厚院部落"。

2

我们在春分的那个夜晚来到厚院部落。

天空漾着绵绵细细的春雨，车子穿过白云村的山门，经过文化大礼堂，继续开往山顶，一大排黄泥房高低错落隐现在雾霭之中，一株挂满浅粉色花苞的垂丝海棠，将枝条探到了竹篱笆外——厚院部落到了。

村里的夜晚仿佛更深邃些，我们跟着管家，走在乡间的石板道上，即便看不太清晰，依然能感觉到前面是一片宽阔的山坳，山坳藏身于山顶，谷里有溪水流淌，还飘来了浓郁的油菜花香。

这是一个完全不同于山下的世界。明明从杭州市区过来，也就一个多小时车程，为何感觉来到了一个很远很远的地方，一个既陌生又熟悉、隐匿在记忆深处的地方。

夜晚的山是如此温柔，四面隐隐绰绰的绿树，笼着这一片老屋子。我们枕着春水入眠，窗口一棵青柏，在夜雨中绿得发腻。

3

第二日，雨止，推开竹扉，一条黄狗在石板路上留下一串梅花状小脚印，春风托起风筝，一群孩子奔跑在春风里。

山脚游步道边的一条春溪，溪水湍湍而清澈，倒映着天光，一片明明暗暗。春天的溪水饱涨，弯弯曲曲流过水田，水鸭游于水面。

溪边有五棵水杉树，厚院部落的管家叫它们"五姐妹"。

这条春溪，并不叫春溪，管家也不知道它叫什么名字，春天就叫它春溪，夏天叫夏溪，秋天叫秋溪，冬天叫冬溪。

季节在这里如此明显。

周青2020年9月从美国回到厚院部落，就决定，要把真正的农

简单、朴实、有温度，这些体现在点点滴滴中

耕生活在这里传承下去。

"国外很注重自然教育。跟着节气过日子，就是我们中国的自然教育啊！哪怕是展示也好，跟着二十四节气写意地生活，找回自己，融入自然，就是我们倡导的！"

春日烟雨，夏日流水，秋日暖阳，冬日白雪，同一片土地，季节轮番走过，作物也轮番变换。

立春，鞭春牛，鞭子一扬起，新一年的耕种就此开始；还要包春卷，一边包，周青会一边告诉孩子们，立春吃春卷又叫"咬春"，是我们中国的传统风俗。

到了春分，她会带孩子们来到油菜花田，告诉他们，春分时，会有很多新鲜的东西从土地里冒出来。

清明，包青团，用豆腐、笋丁和腌菜做馅，咸鲜味美；也有甜的青团，裹进厚院自己熬的豆沙，艾叶青青，满口都是春滋味。

小满，是夏季的第二节气，收完油菜，又得忙着插秧，紧跟着会在田里种下葵花、玉米和花生。

……

厚院部落的公众号每个节气都会推送一篇关于节气生活的文章。"跟着节气走，并不是什么时尚，但我们用这种感性的方式，以最舒展的姿态顺时生活，感受季节变化，做当下的事。"

周青说，山里的时间会过得慢一点，你看，连香椿树也要比山下的晚熟十来天。

跟着节气过日子，大约在山里待久了的人，更懂得了对日子的珍惜。

4

厚院部落 2016 年开始试营业，作为厚院主心骨的陈向阳，凭着一股热情，在这里创造出一片桃源净土。很多人反对买下这块地，他们无法理解，在城市做酒店，收益远比这儿好，为何要坚守这里?

陈向阳一意孤行地坚持了。不同于其他民宿，陈向阳的厚院部落是村舍，是村落，在这片"小社区"里，来的人都能成为它的主人，成为村落的一分子，不仅能交到一群朋友，还能与志同道合者一同体验"进则江湖，退则田园"的山居生活。

每一栋村舍，都以一个完整的"家"的形式展现，有独立的餐厅、客厅、厨房，还有自己的院子和花园。每一栋村舍都不一样，但无论户型大小，都按家庭生活需求配置设施设备。

一期改建的 11 栋村舍和一栋餐厅组成了厚院的村落生态。二期建成后，将会呈现 66 栋山居村舍，还会有图书岛、咖啡吧、杂货铺、手工作坊等更多公共空间投入使用。

"我们希望来厚院的朋友们体验到真正的生活气息，是归人，而非过客。我们的愿景是打造可媲美欧洲乡村的中国传统村落群。"

陈向阳把厚院当作了自己毕生的家，这一方天地，有他的梦想，有他的努力，有他的贡献，更有他寄予的希望。

5

陈向阳的团队颇具国际范，除了周青是从美国回来的，还有负责营销的一位同事是日本早稻田大学毕业的，前台的小姑娘学的是中医药。

一进来看到的是农村，但走进去很现代化，周青很骄傲地说，她们的农村一点不比国外差。

周青的回归，带回了很多新的理念。曾经有一位企业家告诉她，你只要坚持这一条，Treat each other with respect and love. Don't be judgmental（相互尊重与爱，不要轻易评判），你就会成功。

她把这句话告诉团队的人，对待客人就应该这样。

要把美好都捡回来，要彬彬有礼，要谦卑，但不是低下。早上见到客人要说"hello"，要让他们有家的感觉。礼仪很重要，迎来送往，你稍稍一个鞠躬，带给客人的就是价值感与舒适感。

要尊重，要自信。周青称呼保洁阿姨为"室内美容师"，阿姨很高兴，搞卫生并不是什么低等的工作，房间之所以那么整洁，都是阿姨的功劳。周青也很喜欢在家做家务、搞卫生。"我们的员工都很了不起，我们要不断提高自信心，每位员工都是这里的主人。"

厚院部落专门留了一套房子给员工的家属，作为员工的福利，员工的家属也可以来居住体验，让家属们知道，原来我们的孩子，我们的妈妈，在这样美丽的环境中工作，让家属们也有自豪感。

厚院部落，是一处"家"的驿站，是久居城市之人在山野的第二居所。

几个从上海来的客人，从田边摘了一把胡葱，周青赶紧招呼厨房，用客人自己摘的胡葱，炒了一份胡葱鸡蛋饭送给他们。

简单、朴实、有温度，这些，体现在点点滴滴中。

6

周青恨不得把厚院部落的一切都告诉我。

横村有很多宝贝，有围巾，有粉丝面，有酱鸭，有酱瓜，还有白云村音乐节。"进来了就是横村人。"周青把自己当作了横村的一员，既然来了，此处便是吾家，家里的宝贝自然好，忍不住为它广而告之。

关于厚院的未来，周青有很多想法：

比如，二期的房子要做个展示厅，墙上要绘制有关手工制酱传统文化的内容。

比如，在田园餐厅提供厚院专属的养生下午茶，养生茶配上各种有机小点心，装在竹质的器皿里。

比如，五月份会举办一场运动会，踩高跷，踢毽子，重温小时候玩过的游戏。

比如，她希望有人能在厚院举办一场田园婚礼，厚院有非常好的场地，能做到非常高的规格，还能中西合璧。

比如，在暑假里搭帐篷露营，让孩子看一看广袤的星空。

比如，邀请孩子们来厚院做小义工，由当地村民的孩子带着城里

这片部落，承载的是记忆，是故土

的孩子，沿着溪沟去捡垃圾，在义工实践中懂得保护环境的意义。

……

一个接一个的设想，厚院部落，有很多很多事情要去做。

在山下人眼里，这片村落，是向往中的理想桃源，在陈向阳和周青眼里，这片部落，承载的是故乡，是记忆，是一个让人来了还想来的故土。

白云深处

山里的故事 / 文 麻布

富春龙门山脉倚白云深处，
只要来过一次，
你就记住了。

初听"白云深处"之名时，总觉得有点草率了。更像是一个查无此处的地名，只觉得有云有山，却不知归处。

后来才知道，它不需要世人眼中它应该拥有的名字。它是深山里一处隐世居所，道由白云尽，春与青溪长。富春龙门山脉倚白云深处，只要来过一次，你就记住了。

冬日的江南，雪雨蒙蒙，雪里的富春江倒是格外迷人。开了十几分钟的山路，从山脚前往山顶，一路泥泞。是为赴一场山野之约，见一见白云深处的主人家——大海。

深山里一处隐世居所

1

山里的大海。

六年前，大海还在上海。车水马龙，霓虹喧嚣，是他每日的生活。那时候山里的故事，还只是他的构想。后来在富春江边，吃了一顿午饭，就租下了人家的房子，开始改建成民宿。

认识、熟悉他的人，都觉得他是性情中人，不奇怪，湘西的汉子，有血性。他的另一面却是单纯，用当下时髦的话讲，就是少年感。年少不知所谓，不愿循规蹈矩但要踏实干事。坚持自己这件事其

每一个房间，品质与舒适度兼备

实挺不容易的，大海的人生宗旨是：来世间一趟匆匆忙忙，总不能把时间浪费在太多没有用的人和事上。

"怎么会想到要做民宿？"

"我就是大山里的孩子，我又回来了。"

"为什么选择这里呢？"

"我喜欢山里的生活。而这里，是我认为桐庐最美的地方。"

在理想和栖息地之间做一些探索，也许中间只隔了一座山，越过去便能到达。如今，他见过山里的熙熙攘攘，听过凌晨四点的鸡鸣狗叫，看过竹海、森林、峡谷与溪流，山野村夫这个称呼再合适不过了。

2

山里的房。

白云深处藏身的白云源山，最高峰是观音尖。

进了白云深处，能看到一小片白石子地，瓦片层层叠叠成了波浪的形状，还有石块垒砌的院墙、木地板的院子。主楼无名，两幢小别墅分别取名青梅坞和溪边舍，与景呼应，含蓄而用心。

房间正对着青山，选材主要是原木色和白色，简单干净。房间的墙上开了一扇画卷样的窗户，四季更迭，观赏到的景色都是不同的。葱茏的盛夏，金黄的深秋，到了冬日，枯枝寥寥、白雪皑皑，即兴而作的自然笔墨，都画在这扇窗里了。

大海在院子里搭了一座砖窑，用作烤箱，可以烤鸡、烤地瓜、烤红薯，这"烤箱"在山里实属奢侈了吧。大海也好那一口。烤足了四

大海说，白云深处的植物总是新鲜的

小时的鸡从锡纸里剥离出来，再配上一杯小酒，和客人在这房里唠唠前尘往事、峥嵘岁月，真是美哉！

3

山中无岁月。

山中总有些出乎意料的地方。比如，山里的春天总有些突然，忽地一下子，千树万树梨花开。也不知道是哪一天，开车上山途经的小路两旁，就出现了一大片盛开的映山红或者白鹃梅，鲜红与青白相映成趣。

再比如，溪边茶寮旁的枇杷树，在夏日总是亭亭如盖，不少上山的客人用竹竿撩拨几下，就有一道茶点新鲜出炉了。客人们几经波折气喘吁吁地赶到茶寮里，备上茶具、炉子、炭火，在这山里烹茶赏雨。雾蒙蒙的天，细雨绵绵，茶寮茅草上湿漉漉一片。

白云深处也有梅。在后山的小路上，就有野生的梅树和梅子。偶尔也会发现寥寥几株野生菌，但并不一定能成为晚餐的添食。

最爱的还是雪天。如果雪下到第二日，定是厚厚堆积起来了。躲在山里大概就是为了这一刻，在窗边看看远山，看看重重雾霭和积雪覆盖的群峰。如果第二日雪停了，那针叶上挂着的、颤颤巍巍的晶莹透亮的雪粒子，就快要消融了。看着看着，就看出了这些雪粒子好像有一些不舍，又有些清冷和孤绝。树枝一抖，簌簌地洒落至地，与这个世界告别。

小朋友最爱雪了，他们在屋里一分钟也待不住，就连雪地上的脚印也让他们深感兴奋，你追我赶的，嬉笑打闹。这时候的大人们也没了一本正经的模样，倒是有了小孩子的天真，也是欣喜若狂地追赶起来。

或是天色暗下来了，人们仍不知疲倦地在雪地里行走，双脚陷在雪地里，看着白雾隆起。

夜间，窗外飘雪，人们在白云深处的屋内围炉而坐，烤着火还做着各种吃食。冬天的山里人们最爱的还是火锅，左邻右舍，各家出一些蔬菜，攒一份锅。

你看，这山中哪有岁月？

4

山中两三事。

我见到大海那天，他从吉普车上下来，穿着一双满是泥巴的雨

小狗啾啾是民宿的另一个"管家"

鞋，白衬衣上还有一些枯树叶的碎屑。我猜想他定又是寻山归来。谁知他竟说不是，"今日偶遇两只小奶猫，大概被猫妈妈丢弃在了草丛边，一直喵喵叫，就捡了回来，耽误了些时候。"原来如此，日后，两只小奶猫也许可以与山里的小狗啾啾作伴。

　　他来到山里还带来了兄弟岩哥。岩哥也时常穿着一双雨鞋穿梭于山顶和山脚，话不多，就是干活。一看就和大海一样是性情中人。大海说，是从小就熟悉的兄弟，一路相伴，从上海一起走到了桐庐的山里。

　　啾啾就是岩哥带回来的。岩哥去山下买菜，看到一个当地人把啾啾放在一个纸箱子里，说谁要就可以带走，岩哥就带回来了。

　　大海说，山里的白云并不总是白的，但白云深处的植物却总是新鲜的。

有时候是正盛开的野花，有时候是路边采摘的蕨类植物，总之，从大自然采摘点不一样的东西，就能让来到白云深处的朋友们多些不同的体验。

把民宿里的事儿处理妥当，把入住体验的各个环节调试完毕，把溪水里冰镇着的西瓜悄悄捧起，好好打理山上的每一间房，再去迎接来到山里的每一位客人。

大海总说，民宿是姓民的，是一间民宿，更是一种根植于山野的生活方式。如果一家民宿没有种菜、洗衣服的场景，一景一物都是流水线上生产而非来源于自然，那么，民宿和酒店又有什么区别呢？

这话是没错了。"这几年，白云深处的成长清晰可见，无论房间品质还是舒适度，抑或山野之中的乐趣，都在不断地探索与改变。民宿的每一处细节都经过了反复的推敲，只为做到最好。"大海此时又开始忙碌起来。

大海问我，你知道为什么人总是会在大自然中，解开城市生活里的无解题吗？

我想了想，理是那么个理，就不知道如何表述。

大概因为植被茂盛，山里的阳光莫名地温柔；也大概是因为在自然里，人就能从焦虑的社会关系中抽离，展现更清澈的自我吧。

当你有一天来到这云淡风轻的山里，焦躁不安的心，定能渐渐宁静下来。

静庐澜栅

青龙坞有座安静的庐舍

文 若 狂

我坐在阳台上，听溪水声，
呆呆地听了很久，
仿佛灵魂被彻头彻尾清洗了一遍。

到达静庐时，已经暮色四合。

在导航的提示下，车子停在路边一座黄泥墙木板门的院落前。

正要拿出手机联系管家，木门吱呀一声开了，走出四五位城里模样的人，估计是晚上出门的客人吧，便随着打开的门进了院子。

谁想一阵铺天盖地的哗哗声冲进耳中，那是只有走进荒野的山涧才能听到的溪水声——院子里居然有条"阔绰"的溪流！

在夜色里，哗哗声不知从哪个源头传来，直冲耳膜，瞬间通身像被洗涤过了似的，两个小时前从城市随带来的嘈杂和喧嚣，瞬间被冲得荡然无存。

1

多年以后，静庐澜栅女主人王贞妤跟我讲她第一次被这条溪水声震撼到的情景，仍然无比印象深刻。

那是 2014 年，她的先生把她带到这里，桐庐青龙坞蟹坑口村，

院子里便有一条"阔绰"的溪流——
这条溪流步道，可以走路，也是景观

坐在厅堂，感受到的是沉静、复古的意境

站在这幢土房子前问她，想不想在这里开一家自己的民宿？

也许是上天冥冥中的安排，跑了近 60 个国家，在国际旅游这个职业奔波了 12 年的王贞妤其实内心已经感到累了，正想要找个机会停下来。被先生一路带进山里，世外桃源般的原生态村落突然让她有一种分外安定的感觉。而走进这幢老房子，她第一时间就被这哗哗的溪水声吸引，毫不犹豫地说——"好"。

"我们是第一家来这里开民宿的。那时的村庄，真像一个世外桃源，晚上草丛里萤火虫乱飞，抬头可见满天繁星。但也真的蛮萧条的，村里只有老人和小孩，年轻人都出去了。"

"现在城市生活如此嘈杂，很多人来这里，无非是想让身体和灵魂都安静下来。而只要来到这里，你就会自然而然感受到远离城市的静谧，所以民宿取名静庐。"

我眼前的王贞妤，一身牛仔短外套，利落的短发，白皙的皮肤，精致的妆容，美丽年轻，怎么也看不出，居然是跟我同年代的七零后。而她，也喜欢大家叫她小妤。

小妤到现在还在感叹，自己当时怎么会有那么大的勇气，从全世界跑的职场女性，突然转型去做了一家山里民宿的女主人，思路和理念来了个 360 度大转变，从十多年来跟一群洋范儿的国际游客打交道，到现在要与这里纯朴却也很轴的村民们相处，一路的困难自不必说。

"完全要换一种模式。一开始村民非常抵触，觉得我们做民宿，破坏了他们祖祖辈辈的土地。他们会集体给施工人员难堪。遇到这种情况，也不能硬来，只能放下身段，苦口婆心，告诉他们在这里做民宿大家是共赢的。"

静庐请的阿姨都是当地村民。阿姨的子女找工作，亲戚生重病，小妤都帮过不少忙。每到传统节日，小妤一定会拎着礼品上门探望。

"现在嘛，大家都是朋友啦！"

"真的挺锻炼人的，这过程。"小妤感叹。

人生似乎一路都在挑战和突破。小妤从小喜欢画画，当年已经考上了喜欢的服装设计专业，父母却做主让她去学酒店管理。之后性格安静的她却去做了旅游，面对陌生人、陌生地，一步步挑战自己。没想到现在又做了民宿，这样那样的琐碎也挺考验人。

"遇到困难的时候也后悔过，但也只是一个念头而已，开弓没有回头箭，轻易放弃可不是我的性格。"

2

决定在这里做民宿后，作为设计师的先生很快把设计方案拿了出来。说起她的先生杜江，或许你会对这个名字有点陌生，但你一定对外婆家、绿茶、蕉叶这样的设计风格印象深刻。对，这些都是人称"杜爷"的杜江所作。

"我先生做设计 20 年了，也是因为对这里太有感觉，太喜欢这个地方，他甚至连图纸都不画，直接现场指导工人这样做那样做，完全凭感觉。别人问他你这是什么风格，他说没有风格，混搭。"

第一次来静庐的客人，都会惊讶于屋子外面和屋子里面仿佛是两个世界，从晋代陶渊明《归园田居》的乡村意境穿越到欧洲文艺复兴的古典画风。依山的两幢客房，外墙仍然保留着黄泥土墙和黑色鱼鳞瓦，进去后，依然是黄泥土墙，然而吧台前摆着系列洋酒，会客厅放置着咖啡色真皮沙发，头顶是进口德国灯具，墙上是尼泊尔挂毯，甚至管家递上来的茶杯，也是西式的白瓷条纹杯——你会惊叹设计的奇巧独特。虽然反差巨大，却也相得益彰。

　　"整个民宿没有用油漆和亮色材料，实木、铁艺、铜器，这是我

来到这里，会自然而然感受到远离城市的静谧

先生最喜欢用的。"

所以坐在有些豪华的厅堂，感受到的却是沉静、复古的意境，让人想到"低调的奢华"。事实上，很多细节是花了心思的，可以说是匠心。小妤指了指大厅隔着后院的那扇铁门，当初先生每天要跑过来看一看，直到他认为每根铁柱都锈出了足够的韵味，才给上封。

先生只负责设计，经营打理的事，就全由小妤操心了。

"我们的客人主要是高端人群，他们需要乡村的质朴宁静，但也要享受有品质的住宿，得像在自己家里一样舒服。"

"如果有机会去我家，你会惊叹——哇，这个静庐也有！静庐就是我在乡村的家，这里所有的东西，都必须是我自己喜欢的，才会呈现给客人。"小妤差不多把这几年做旅游收藏的宝贝都搬来了静庐。民宿，其实就是主人气质和阅历的呈现。

追求完美的她甚至对管家的要求也近乎苛刻，前前后后挑选了300多位。首先气质要配得上静庐的宁静，还要有很强的责任心，可以在这里像家一样住下来。她给静庐的八间房安排了八个管家，一个管家服务一间房的客人，这在一般民宿真的不常见。

要么不做，要做就做到极致，这样才对得起客人付的钱。这是老板娘小妤认定的理念。

3

一个人住在静庐，是一件十分享受的事。

管家安排我住二楼陆号房，夜晚还早，没有睡意，打开房间阳

世外桃源般的原生态村落能让人有一种安定的感觉

台门，山风微凉，古朴的院子在夜晚的灯光下显得迷离而梦幻。坐在阳台上，听溪水声，呆呆地听了很久，灵魂仿佛被彻头彻尾清洗了一遍。晨起时，再一次推开阳台门，又是另一番景象——村庄在晨曦中，像被洗礼过一样清新宁静，不远处，山间云雾缭绕，如梦如幻。哎，人间仙境也不过如此。

离早饭时间还早，一个人沿着溪流寻山而去。穿过一片竹篱笆围砌的菜地，沿着一条只容一人可走的狭小山路闲步。山路很长，似乎没有尽头，溪流紧贴着山路，好像也望不到头。山里的雪柳一簇簇白色的小碎花开得清新淡雅，回来时顺手折了一枝。其实院子里的雪柳开得更旺，管家剪了大把的枝条插了好几瓶，放在吧台、茶桌，甚至房间里，好看极了，但我总觉得山里折的更有野趣。后来管家小妹把这枝雪柳用湿纸包了，让我带回去，一起带回的，还有一大包山里挖的苔藓，和一包静庐自产的红茶。

回到院子时，阳光一下子明媚起来，吃了早饭去屋子的前廊晒太阳。木靠背的布沙发，搭配的石桌子竟然是村里以前打年糕的石臼。像这样的旧器物静庐院子里随处可见——以前老奶奶冬天捧着暖手的铜火熜，坐上去会吱嘎吱嘎响的旧竹椅，老式煤油灯。看到这些旧物，那些亲切又温暖的久远记忆又涌了上来。管家小妹递上一杯红茶，告诉我附近有个书店可以去看看。

啊，这山旮旯里，还有书店呀！

不仅有，还是一家很文艺的胶囊书店。沿公路慢慢往里走，路过几家同样是黄泥墙、老木门的民宿后，约十分钟，便看到设在村礼堂的言几又，走进去，里面宽敞明亮，让人惊喜。五六年前这里还只是山野民居，静庐之后，陆陆续续有十几家民宿开了起来，现在呢，又有文创空间进驻，乡野之地处处充满文艺气息。

有一年，一位美国口琴演奏家来到这里，在静庐院子里的草垛角开了个口琴音乐派对。在院门进来靠右的角落里，有一个草垛围起的休憩处，几张竹椅、几个蒲团，中间一张小木桌，满满的乡土风味。一位音乐家朋友发了这张草垛一角的照片，就把这位格莱美蓝调口琴界大咖吸引到了这里，和宁静的乡野来了一次艺术融合。

事实上，像这样的艺术活动，老板娘小妤正在探索实践着。静庐慢慢开出了瑜珈、茶道、手作、养生等可以让客人体验的生活美学活动，让民宿不再仅仅是一个住宿的地方……

而我，更喜欢一个人在静庐的宁静时光。

静庐有一个后院，紧临厅堂，适合下午时候静坐发呆。一面被泉水冲刷得光滑油亮的石壁下，是一个清澈的小池塘。十几条锦鲤悠然地在池里游过来游过去，一只老乌龟偶尔探出头，缓缓地浮出水面。坐在这里，或打坐，或看书，或静静地看它们，时间就像停住了一样。不知不觉间，古朴的石桌上已经铺了一层暖黄的夕阳光辉。

云夕·戴家山

夯土老屋里，乡土的诗意 / 文 宛小诺

云夕的珍贵与美好之处，
在于它融入了这片山谷的碧山竹海，
融入了当地居民劳作与生活的乡土文化，
留住了山村岁月的记忆。

这个春天，在戴家山，我终于圆了心里一直记挂的一个小愿望：带着小锄头，在江南的山里挖春笋。

带我进山的是云夕·戴家山乡土艺术酒店的管家，小慧子。小慧子在这里土生土长，她跟我说，这里的山，她从小到大不知跑了多少圈，别提有多熟悉了，明天如果有空，她再带我们来找其他美味的食材。

戴家山村，是桐庐县莪山畲族乡新丰民族村下辖的一个畲族村落。管家小慧子和民宿的主人小熊，都是畲族人。村子在山的深处，海拔有 600 多米，我们从莪山畲族乡开车上来，沿拐来拐去的山路，不知转了多少个弯，终于来到这个竹海涛涌、梯田绵延的村子。

民宿静悄悄地隐匿在一片翠竹云影下

围栏是用当地农户种植的扫帚草绑扎围成的

大山里的太阳下去得早，我们趁着最后的天光，赶紧从山林里出来。沿着山谷里的窄小土路前行，只见茂密竹林后的天空已被夕阳染成了玫瑰红色，轻轻袅袅的白色炊烟从四下升起。

山气日夕佳，飞鸟相与还。我们捧着山里收获的美味，满载而归，欢快地奔向前方山坡上的民宿房子。

1

云夕·戴家山乡土艺术酒店，就坐落在这一道山谷之中，背靠大山，面对青绿山林，民宿的 9 栋房子顺着缓缓的山势上下错落地分布，静悄悄地隐匿在一片翠竹云影下。

这原本是一座闲置的畲家农舍，有一栋黄泥夯土的土坯房屋和一座石砌的平顶小屋。2014 年，刚从体制内出来创业的小熊，看中了这里的自然环境和畲乡民俗风情，她邀请到中国当代著名建筑师、南京大学建筑与城规学院的张雷教授主持设计，在畲族夯土房屋的基础上，扩建起一处山居乡土民宿。

沿着鹅卵石铺地、竹篱围墙的曲径往里走，就看到了作为民宿主体的那一栋由两层土屋改造的客房，墙壁就是原有的厚厚的黄泥夯土墙，正门上方还留着"南极生辉"的匾题。

夯土房前，原来的石砌平顶小屋和以前一样，依然作为厨房。而依着厨房新建的餐厅，以柴火为墙，就如同过去农家堆砌得高高的柴垛。餐厅顶上的平台作为露天坐席，四周的围栏也别具一格，是用当地农户自己种植的扫帚草绑扎围成的。

以夯土老屋和柴火餐厅为中心，依山体的弧形走势延伸、扩建起的 7 栋别墅，也是就地取材，用当地的石块砌成。房间内部以木、石、竹为主调，作为装饰点缀的色彩和图案元素也都取材于畲族文化的符号纹样，自然、古朴，又具备当地民族的独有气韵。

云夕的珍贵与美好之处，在于它融入了这片山谷的碧山竹海间，融入了当地居民劳作与生活的乡土文化中，在于它将畲家老屋的外墙和构造保留了下来，留住了老房子那时间沉淀下来的美，也留住了山村岁月的记忆。

2

小慧子在云夕·戴家山已经待了 7 年多，2014 年民宿开建时，她就来了。在成为民宿管家之前，小慧子先在四川支教了一年，回来后进了乡政府做公务员。经历了两年朝九晚五中规中矩的生活，她逐渐对那种重复的案头工作感到厌倦。恰好，她的前辈小熊辞职创业，她便跟着小熊来到了云夕的第一家民宿——戴家山。从那以后，就没离开过。

用她自己的话来说，戴家山民宿现在就像她的家，每天有事没事都会过来。与民宿有关的一切，就是她现在的生活了。

山里的日子，说单调吧，是挺单调的，每天都是同一座山，同一片树林，从乡里到民宿来回都是那一条路。但小慧子乐在其中，在她眼里，生活是丰富多彩、充满变化的。她喜欢大山，并且熟悉山里的一草一木，空闲的时候，她会带着客人，或者自个儿去爬山。不同的季节，不同的时令，大山都有不一样的馈赠。春天，有挖不完的春笋，有漫山遍野的野桃花、野杏花、野杜鹃，剪下几枝带回来，插在餐厅、客房的花瓶里，可以装点一整个春天。

夏天，有各种各样的野菜、野果儿，好看，还好吃。比如，将乌饭树的树叶摘下来，捣成汁，把米浸泡成黑色，煮成乌米饭。这是畲族三月三的习俗，据说夏天吃了乌米饭，就不会被蚊虫叮咬。还有一种叫豆腐柴的灌木，将其叶子洗净，揉搓成汁，静置后点上石膏，汁液就会凝固成果冻状，民间叫作"绿豆腐"或"神仙豆腐"，晶莹剔透，口味清香，还有清热解毒的功效。

清明节，采艾草来做清明粿；端午节，包粽子；农历七月半，蒸糯米打麻糍。村里人家，总有无限的民间智慧，去创造各式各样的食物。

村里人家，总有无限的民间智慧去创造各式各样的食物

不同的时令，大山都有不一样的馈赠

　　每年一到冬天，山里都会下雪。那时的竹子也还是绿的，但颜色会变得很深很暗，白雪一盖下来，就组成了一幅黑白的山居图景，美得梦幻，美得缥缈，悠远得仿佛仙境。

3

　　大部分来山里住的客人，很乐意体验农事劳动。除了山村农家的传统生活，更多到戴家山的人，是来发呆，来亲近自然，来放空身心的。

　　在上海经营 MO+ 咖啡馆的女生杜杜，是云夕·戴家山开业后的第一位客人。那一年她来到戴家山，被山间的竹林、清风、蓝天、山林，淳朴的民风，舒适而温暖的客房深深吸引。主人小熊的性格和脾气，也让杜杜一见如故，渐渐地，他们越来越默契，去年云夕在浙江松阳陈家铺开新民宿，杜杜成为云夕在陈家铺的合作伙伴。

还有一位男士，起初是和全家一起来戴家山度假的，也被这里的青山绿水、与世隔绝的幽静迷住了。此后，但凡需要放空或者专注做某件事时，他就会独自来到戴家山，一个人待着，一住就是一周。

戴家山最热闹的时候，是暑假。一到夏天，庭院、阳台就被出游的三口之家、四口之家占得满满的，孩子们在泳池里玩水，在山谷里追逐各种蝴蝶、甲壳虫，去山上的蓝莓基地采蓝莓。小慧子他们要着着实实地忙上两三个月。

离民宿不远有一家乡村图书馆，与民宿同名，叫"云夕图书馆"，是先锋书店继碧山书局后建的第二个乡村书店。图书馆和民宿一样，都是由建筑师张雷操刀设计，也保留了老房子的黄土外墙和木构架。黄泥墙上端开了小窗，阳光穿过小窗斜斜地落进空旷的室内，落在木书架和上面摆得整整齐齐的书本上，一道道交错的光与影，五彩缤纷的书脊颜色……时间仿佛都停了下来，停留在那些静默的书名上，停留在这个远离尘嚣的小村庄里。

（本文图片摄影：姚力，张雷联合建筑事务所）

独幽处

山乡原野，伴君独幽

⊗ 文　若　狂

仙气一般的云雾，
一团团、一簇簇，
在山头、在林间缭绕。

1

　　正是四月紫藤花盛开的时节，独幽处门口那株 30 年的紫藤开得如飞瀑流云，苍老的虬枝如盘龙般横贯两端，把独幽处大门入口点缀得浪漫又拙朴。

　　穿过紫藤花架，谢少出来迎接我们。一脸豪爽热情的笑容，立刻拉近了彼此的距离。他中等个子，着短西装，尤其直冲在头顶的一堆卷发，显得既精干又时髦。

　　"一路辛苦了，来，车子我帮你们去停。"未见面前我们有微信交流，当时给我的印象是——这老板真热情，此刻见面，这番周到感觉更甚。

谢少带我们穿过长长的气派又古雅的木长廊，很快，我们坐在了独幽处独有的二楼超大露台。远处青山隐隐，绿树成林，太阳已经落在了山的那头，天色尚未暗透，山里的黄昏宁静悠远。偶有飞鸟从林间窜出来，又飞没在远处。四月的山风微微有些凉意，而眼前的场景却让我们心里热乎起来。

知道我们要来，谢少亲自摆桌。老榆木桌上，新采的山里野杜鹃、一大捧浅绿的木绣球花，安静且热烈地插在瓶子里，摆在了桌台上，在桌面上还很有情调地点缀了几片树叶。谢少拿出一瓶红色的酒，不是红葡萄酒，也不是绍兴老酒，而是这里的畲族兄弟自酿的红曲酒。

这是海拔 600 米的桐庐莪山畲族乡新丰民族村，这里的村民家家都酿红曲酒。每年十月天气转凉，将糯米淘洗沥干，蒸成糯米饭后，倒入准备好的大水缸里，加入适当比例的山泉水和红曲，盖上盖子，慢慢等待红曲发酵成清冽纯澈、胭脂般颜色的红曲酒。

初尝这酒，有些酸，又有点苦，还有点甜，总之味道有点儿怪，慢慢地，那种米饭发酵的原始的醇香开始在舌尖荡漾开来，回味悠长。

谢少告诉我们，这酒里加入了一种长在竹子上的野生菌，所以颜色如胭脂般喜庆。红曲酒必须要在 4℃以内保存，才能保持酒的纯正醇香。以前没有冰箱，当地人酿好后，都藏在地窖里，即使这样，也不能留过来年四月。谢少把仅存的酒拿出来给我们品，看来我们真是口福不浅。

山里的黄昏宁静悠远，
云雾缭绕如仙境

2

温州人谢少年轻时闯江湖，20 岁就在福建南屏开眼镜店，现在有四家店，由弟弟打理着。后来回安徽，和老婆一起卖服装，做代理商，又去开牛排店，就像他自己说的，20 多年来一直在创业。

那为什么会跑到这里来开民宿？

这个机缘，说起来，还是跟这里的一位畲族兄弟有关系。

"书画家薛承峰先生的同事雷云老师，是莪山新丰村人，薛先生每年最炎热的时候都会来桐庐莪山畲族乡新丰民族村度假写生。发现这里竹海葱郁，溪水潺潺，鸟语花香。当地民风淳朴，热情好客，世外桃源一般。后又偶遇当地历史悠久的老茶厂出售，便动了心思。约上雷老师、谢少，还有深圳高调投资有限公司董事长薛承勉先生，买了下来。这大约是民宿的由来，起了个不俗的名字"独幽处"，颇有远离红尘、超然世外的意思。"

谢少的朋友欢颜曾写过一篇文字，这样介绍独幽处的由来。但是谢少却说，"一直创业很累的，还是要守业。"他选择在近 40 岁时，给自己一个不再奔走的理由，在这里，杭州地区唯一一座留下来的畲族少数民族村，开民宿。取名"独幽处"，是因为这里大山环抱，云雾缭绕如仙境，绿树翠竹，山野清风，很有王维诗句"独坐幽篁里，弹琴复长啸"的意境。

谢少年轻时爱玩，喜欢自由的生活，曾经自驾从安徽开到云南，从福建开到西藏，从哈尔滨开到内蒙古，一玩就是一个多月，行程两万多千米。而每次出去就住民宿，在很早的时候，他就有自己心目中民宿的样子。仿佛冥冥之中自有安排，5年前，当谢少走进桐庐戴家山的大山里，见到这个依着山林，占地超出他想象的老茶厂旧房子，立刻定下了下半生的事业。他说年轻时太飘了，一天到晚跟朋友吃吃喝喝，做了民宿后心才真正安定下来。现在他把妻子和儿子都接过来，一起经营居住，这山乡原野，就是他们的家。

3

谢少陪我们去楼下喝茶。茶桌上放着一本贾平凹的《暂坐》，是他正在看的书。谢少自称学历不高（只读了初中就去闯江湖了），平时却喜欢看书，经常在公众号写这样的心情文字——

时光不经意漫过树梢，越过山峦。终于到了雷雨阵阵的夏天了。夜里不管你什么时候醒来，都能听到窗外的蛙声蝉鸣。清晨走在山路上，枇杷已经泛黄，个不大，酸多于甜，却是天然的水果味，更是记忆中的味道。桃子、李子、杨梅、石榴、梨也都结出青涩的果子。山里的水果个都不大，都是酸酸的，但不知道什么时候开始，喜欢那种酸中带甜的水果味了。

大抵做民宿的人，都有一颗文艺感性的心，这些文字，也是因为内心实实在在的喜欢。谢少基本每个晚上都会坐在这里，陪客人喝茶聊天，白天带客人去走梧桐亭，绕到旅游集散中心后面，一路采摘野果，挖野菜，说说畲乡的故事。路上春有野樱桃，夏有覆盆子、枇杷、李子、杨梅，每个季节都有不同的美、不一样的野果子。到了小溪边，赤脚下水抓鱼摸溪螺。有时候客人想要看日出，就凌晨起来带去桐庐第二高峰狮子山，一起陪客人看日出山头的壮美，夜晚去竹林，追逐萤火虫的轨迹，寻找记忆中的童年……

"要让顾客满意容易，要让顾客感动就难了。"所以，"要做就要做到顾客心里去"，这是谢少给自己和手下员工定的金标准。

"现在民宿太多，说真话大家硬件都差不多，山乡原野、明月清风，基本能符合时下住客的需求，而软件和服务就没个标准了，恰恰这个，才是让民宿走得更远的真正魅力所在。"

我们一边喝着茶，一边听谢少讲民宿和客人的故事。茶桌后面的书架上，摆满了各种书，客人可以随意取来看。一块写着"幽深静远"的书法匾额，古朴隽永，透着这个大山里民宿的深意。这里的书法皆出自书画家薛承峰先生之手。我们住的房间里，整整一面墙的字，"东南形胜，三吴都会……"；还有独幽处所有的房间名，"立春、谷雨、夏至、小满……"这样的名家墨迹，让这个乡野民宿有了古典的文化韵味。

4

每次去住山里的民宿，第二天一定会起个大早。大山的清晨最是静美，站在二楼超大露台上，周身被微凉却怡人的山风沁透，顿时睡意全消，只感到清新、清爽、清明。仙气一般的云雾，一团团、一簇

有花有草有新鲜的空气，还有小猫温柔的陪伴

每个季节都有不同的美，不一样的野果子

这里大山环抱，绿树翠竹

簇，在山头在林间缭绕。此刻最好闭上眼睛，听，天地有大美在鸟鸣间，叽叽，喳喳，清脆又清澈，这是大自然的班德瑞音乐，如此涤荡身心。忍不住提起双臂，练起太极来。

离开独幽处，往大山深处开车 15 分钟，就到了戴家山古村落。十几幢畲乡特色的老房子，高低错落坐落在山坳间，仿佛世外人家。临村口的老屋墙上，醒目地画着凤凰图案，畲族浓郁的风情扑面而来。畲族自称"山哈"，意为住在山里的客人，结庐山谷，聚族而居。凤凰图腾是畲族文化的象征，畲族人对凤凰的崇拜源远流长，即便在现在，依然保持这样独特而深厚的文化信仰，不免令人钦佩。

偶有狗悠闲地踱步于山路上，一切是那样安静、古朴。走进一间土夯房的小木楼，满屋书香，是一家隐藏在深山里的书店——戴家山先锋书店，由当地畲族民居改造的云夕图书馆。据说被誉为全球最美书店，许多人专门赶来打卡。

原始的黄泥土坯墙面，原色的木结构楼梯房顶架，一只猫趴在长凳上眯眼打盹，客人进出对着它拍照，丝毫不被惊扰，书店服务员告诉我们它怀孕了，禁不住伸手轻轻去抚摸了一下。有人安静地坐在地板上看书，有人举着单反，从二楼往下拍照。

出来的时候，那只猫依然一动不动趴着，外面下起了细细密密的雨，空气更多了份清冽湿润，忍不住深深地大口呼吸，在回到城市前，让污浊的肺来个彻底的清洗。

梦里·栖下

且听风敲竹

文 麻布

庭院的一草一木一景，
大礼堂的钢构搭建、墙面翻新，
都是怀旧的造诣。

"梦里不知身是客，栖下且听风敲竹。"

在桐庐凤川山里，有一家颇具历史感的民宿，名叫梦里·栖下。

很多年前的梦里·栖下，还只是大源村西下坞的一座文化礼堂。村里的人们，看着这座文化大礼堂历经岁月变迁，从辉煌至凋敝。

当然，一座文化大礼堂一定程度上也反映了当地的民风民俗。那几年，村民们在此搭过戏台、开过大会，还有大大小小几百场的文艺庆典，都被刻在了老房子的瓦檐上、木板里。

后来，村子里的年轻人都走出大山去了城市里，只留

很多年前的梦里·栖下，还只是一座文化礼堂

下村里的一些老人，他们偶尔会去礼堂前的空地上晒晒太阳，唠唠村里的往事。

1

2018 年，朱远航带着几名做设计的朋友找到了这里。那时候，门前清溪、背靠苍山的文化礼堂已经空置许久，渐渐被人们遗忘。

智者乐山，仁者乐水。朱远航和几个合伙人决定把文化礼堂改造成一间民宿，重拾历史的记忆。

保留住文化大礼堂最根本的特色，是朱远航在设计民宿时最想做的事。"我想要的是乡村与艺术的结合，所以庭院的一草一木一景，

大礼堂的钢构搭建、墙面翻新，都是怀旧的造诣

大礼堂的钢构搭建、墙面翻新，都是怀旧的造诣。"朱远航说。

民宿保留了文化大礼堂原有的木质结构。一楼，被分割成几个区域——手作区、会客区、茶歇区、观影区、酒水吧台和餐吧，每个区域看似隔断，实则相通相连。手作区和茶歇区的木桌材料取自大礼堂的门板，经过清理，刷上几层清漆，再加上几个桌脚。手作台上方悬挂着很早前的窗板，涂上了新漆。

梦里·栖下一共有8个房间，素年、锦时、轻烟、流光、浮生、须臾、良宵、残梦，似乎都与时间有关。

逃离城市的喧嚣，来"梦里"过一段时间之外的生活，是本意。

一扇扇木门上，贴着倒立的福字，20世纪七八十年代的旧钥匙插入门锁，蓝色旧布遮挡着几扇房里的小窗，木质台子横立于房间的

过一段时间之外的生活，正是此间本意

一边，低矮的小木台上盖着蓝色麻布，还有几何图片与黑胶唱片。

入住的时候，我就在想，老板找这些老物件肯定花了不少时间。

8 个房间里的衣架，都是从这大山里头寻来的木头，经过打磨和润色制作而成；有意思的是房间里的床头柜，竟取自村里养蜂人的蜂箱，经过一番改造、清洁和刷漆，被摆在了床铺边上；还有那些形态各异的落地灯，据说都是一些废品经过设计加工，最终成型的。

八间房里，最喜欢的还是"流光"这间房。古藤、老树、枝丫。用一些木棍捆绑而成的衣架，粗麻绳围系起二楼的围栏，小帐篷搭建在一楼的厅堂里。夜晚，和小朋友坐在帐篷里，向外望去，说不定还能看到满天繁星。

我和朋友打趣说，来这里住一晚，恍惚间回到了 30 年前的旧楼房里。暮色四合，昏黄灯影，蝉鸣知了叫，外婆摇着竹扇，小桌上摆放着切好的西瓜，她坐在小板凳上，给小床上的我讲八仙过海的故事。

2

在民宿里，也能做些其他有意思的事。比如做一枚"木戒"，做一把"木勺"，跟着村里的阿姨一起学编织、做布袋。

离民宿不远处还有一片瓜田，主人是朱远航的好朋友陈叔。

四月份播种西瓜籽，五月份长苗，七月初到八月中旬，是陈叔最高兴的时候了——西瓜已经慢慢长成。也有担惊受怕的时候，在西瓜成长的季节，陈叔最担心的是中午下雨，经过一早上的日晒，土地的温度较高，若遇雨水降温，一低一高，对西瓜生长不利。

陈叔说，早上五六点，太阳还未升起的时候，摘的西瓜最好吃、最新鲜。起不了大早，陈叔带我们傍晚时分去摘瓜。他说挑西瓜一听声音，二看颜色。敲下去的声音，如果沉稳有回声，便是好西瓜。

可以切成小块，也可以榨成西瓜汁，不过最喜欢的还是切成大块随意大口咬下去，格外生津止渴。

这就是夏天了。

离梦里·栖下不远的翙岗古镇，也是好去处。

这是一个被人们遗忘的村落，在百度地图上甚至无法搜索到它，却有着几百年的历史，至今仍有人居住。据说古时的翙岗村，是桐江华氏居住地之一，元末刘基曾在此寓居数年，设馆授徒。2013 年，这个村被列入第二批中国传统村落名录。

恍惚间回到了 30 年前的旧楼房里

　　走进古村落，斑驳的古墙，屋梁下常有支撑性的牛腿，雕有多种图案，恢宏、华丽、壮美。屋内的房梁不施彩漆而施以桐油。老妇人坐在路边，有一条狗蹲坐一旁。行至半路，另一个老妇人，挑着装满莲子的扁担，从远处缓缓走来。

　　或者从民宿出来一直往南，就来到了雪水岭。据说，这里是桐庐境内富氧离子含量最高的地方。

　　林木苍翠，悠悠静默。山峦绵延，溪涛谷幽，是探溪好去处。

　　雪水岭的溪流有些阵仗，随山势落差，从悬崖峭壁之上飞泻跌落，形成了九潭九瀑，为桐庐境内第一瀑布群。

　　九潭九瀑或曲折幽深，穿石破涯，或银河泻落，雷霆龙吟，身居其间，宛然自叹。

夜晚回到民宿，着实有点累。这里的夜晚昏沉沉的，四下无声。

一楼的小桌子上摆着一本沈复的《浮生六记》，便随意翻阅起来。里面有一些特别动人的词句："布衣菜饭，可乐终身，不必作远游计也。"——《浮生六记·闺房记乐》。大意是，粗茶淡饭，一生淡泊名利，没有必要去远游他方为生计劳累奔波。

这是我比较喜欢的一句话，特别是在梦里·栖下这样的环境里，更能体味短短十几字的淡泊心境。懂得知足，才会拥有长久的快乐。

这时候突然想起了房间的名字都与时间相关。"其生若浮，其死若休。"以"浮生"来指代人。而我们常说的"浮生若梦"，与"梦里栖下"似有关联。

朱远航说，其实每个房间里，都放着一本和房间名有关的图书。例如，"须臾"的房里头，就放着一本林清玄的《心的菩提》；在"残梦"的房里头，放着孟元老的《东京梦华录》。

脑海里又蹦出不少与时间有关的诗，倒也说不出个所以然来。仔细想来，大梦人生，日日匆匆，行云流水而过，不过一夜之间。

此时此刻，似乎体察了万般滋味，只想在此多停留数日，捋一捋万般头绪，再邀月对饮。

这几年也走了不少民宿，有时在山顶独居一隅，有时在山脚观云起雨落。但关于时日长短的思绪，倒是从没有像今日这么泛滥过。

我想，梦里·栖下是写在山间云里、流水间的，是和时间有关的。

三生一宅
老宅里的光阴故事

文　若　狂

在这些古宅老屋门前走走，
感受一下几百年前的古旧时光，
也是一件幸福的事。

仿佛掉进了一段深宅老院的古旧时光里

清新的山野植物气息，与古旧斑驳的老墙院落相得益彰

我一直想象戴望舒《雨巷》里的场景——撑着油纸伞，独自／彷徨在悠长、悠长／又寂寥的雨巷／我希望逢着／一个丁香一样的／结着愁怨的姑娘……那是怎样一条诗意的雨巷呢？恐怕只存在于诗人的心里吧。

直到我走进三生一宅，走进那条幽深、古老的巷子，踏着狭长的、湿润的青石板，抬头望向两边黑旧高深的老墙，低头见青绿的野草从墙缝里探出来，那一刻，我以为我走进了一条历史的长廊，走进了诗人笔下那条令人充满遐想的巷子。

1

在去三生一宅的前一个晚上，我住在莪山畲族乡新丰民族村的独幽处民宿。那是在海拔 600 米的大山里，清晨看山间云雾缭绕，听鸟鸣啁啾，夜晚吹清凉的山风，望满天繁星闪烁，远离喧嚣，清幽宁静。

第二天上午，在管家阿宝发过来的定位指引下，我前往三生一宅民宿。

车子驶进深澳村，三转两转，竟然找不到地方。与阿宝电话联系，告诉我往深澳古村的牌坊开进来。

原来，三生一宅深藏在古村落里。

然后，我就遇见了这条青石板的巷子。这一下，就从清风明月的山野，掉进了一段深宅老院的古旧时光里。

"老宅檐下守清梦，闲敲棋子话三生。"三生一宅原是一座清代

每一个物件都有故事和来头

老宅，紧靠着巷子，皖南风格的建筑外形，古色古香。一道低低的木围栏，把巷子和内部隔开，门口有一块融入了砖、瓦、木雕、铜、铁、植物等多种元素的圆形标牌，"三生一宅"四个字嵌在其中，古朴典雅。

推开木围栏的门，有几束插在老式瓦罐里的映山红，清新的山野植物气息，与古旧斑驳的老墙院落相得益彰。走过院中一口古井，"嘀"一声响，二进大门自动打开，光线瞬间亮堂，这是三生一宅的公共休闲区和酒吧。阳光从头顶的四方大天井倾泻下来，两侧原木书架排排而立，几张大红色皮质沙发明丽耀眼，各色酒瓶陈列在"荆善堂"牌匾下，现代风与古朴风相映成趣，令人啧啧叹服设计师的匠心独特。一抬头，哇！忍不住又是一声惊叹——天井上竟然游弋着一尾尾漂亮的红鲤鱼。原来，天井被全透明的玻璃包封，又在上面装满了水，养了鱼。不仅不影响阳光的透射，还可以坐在天井的休闲区，抬头观天空飞鱼，这样的设计，真是绝妙。

如果说天井鱼池已经让你叹为观止，那么再往里，走进后院，又是一个惊喜，一个露天泳池，安静地躺在这些古木雕梁建筑群里。泳池旁，是一个阳光房，除了梁和柱是老木头翻新，其余都以玻璃建造，精美的木刻雕花搭配透明玻璃，又是一个古典与现代的绝美混搭。

管家带我去二楼。抬脚走上木楼梯的那一刻，我想象自己是民国时期大宅门里的当家媳妇，手里哐啷哐啷拎着一串钥匙。主人给每一间客房取了自己心仪的名字：怀素、行素、蕴轩、毓秀、棣萼、九如、聚五、听彝、江南忆……据说，这些名字，也是深澳古村的各个堂名呢！念念这些名儿，就可以想象住在这里的心境了。

满眼都是木雕大梁格子窗。四月，正是山上野杜鹃盛开的时节，一捧捧、一簇簇血红的杜鹃花，插在各色古朴的瓶罐里，把这些木雕、木柱、木梁点缀得明亮热烈。管家阿宝说，周边山上的杜鹃都给他采来啦。我说，开在山里没人看也很寂寞，采来插在这里，搭这院子的古典韵味，多好。

2

谁能想到，我眼前如此古朴精美的三生一宅，在遇到民宿主人前，已经是断壁残垣，据说当时只剩下几面残破的墙和天井里两根立柱，因荒废了许多年，院落里已是杂草丛生。

　　这座始建于清嘉庆十四年（1809 年）的砖木老宅，说起来可有来头，曾是嘉庆皇帝儿时的太傅申屠园林的私家园邸。200 年的沧桑变故，足以将一座皇家园林侵蚀成荒园，何况是一座私家园邸。

　　民宿主人之一的高伟民先生，是一位有 20 多年经验的资深室内设计师。他看到这样一座清代宅院被荒弃，甚感可惜。与另外三位合伙人拿到这座"废墟"后，他以设计师的独特品位，无数次下皖南调研徽派建筑，在研究房子原来的建构特点基础上，本着对古建筑保护的初衷，坚持"以旧补旧、修旧如旧"，从 2015 年到 2017 年，两年时间里亲自着手，将老宅及周边的几幢民房一起改建，不仅保留了荆善堂三井一院的宅邸原貌，又加入很多现代元素，赋予了荆善堂活力与激情，才有了现在的样子。

　　这两年中，高先生走南闯北，四处淘些可以用在装修上的家居饰品，哪怕一块石头、一根木头，只要听说哪座老宅要拆了，高伟民马上就去蹲守，花钱包下整座宅子，拆下那些可以再利用的木梁、门窗、家具，运回深澳。这里的每件东西都有故事和来头。据说屋里有一根大梁，请匠人花了 46 天在上面精雕细刻。粉墙的时候，故意留下一些斑驳的古砖，不作粉刷，而是请人在青砖上作画。为了呈现更多原始自然色，从书房到茶几，很少能看见光亮的漆面，每样家具都有着木材本身的肌理，让置身其中的人内心无比宁静，贴近自然，自在而放松……

　　"肚子饿了吧？我们吃饭去。"正当我沉浸在老宅传奇般的蜕变故事中，阿宝唤我吃午饭。对了，这里的大厨手艺可不一般，拿手绝活儿红烧肉，曾让一位客人在此连续住了五天，还特意把在上海的丈夫

每样家具都有着木材本身的肌理

也叫过来，品尝这红烧肉的味道。有一年年底，马云携快递业各位大佬们来到三生一宅，大伙儿也纷纷给大厨的手艺点赞。小女子虽然平时戒了油腻食物，但碰到这样的美味诱惑，如何抵挡得住？这一下便吃了好几块，果然好吃得不得了。

饭罢，到大堂一侧的茶间小坐。与大堂的明亮气派不同，茶间幽静拙朴，栖身在此，身心立刻放松下来，这样待上片刻，混沌的大脑又渐渐恢复清明，整个人很快又元气满满。

3

于是，出门去逛逛古村。

一块写着"深澳古村"的四方牌坊，把村里的世界与外面隔开。明清徽派的古建筑，围着村中一个平静的池塘，白墙灰瓦倒映水中，一条绕水塘而建的长廊，仿佛一幅清淡隽永的水墨画。

沿池塘慢慢走，绿树成荫，春花烂漫。有村民手持鱼竿，静静地坐在池边垂钓。几只小奶狗从弄堂里蹿出来，互相追逐着，又跑进弄堂而去。没有嘈杂，没有喧闹，安静得仿佛陶渊明笔下的世外桃源。

深澳古村原是申屠家族的血缘村落，居民绝大多数姓申屠，南宋初从富阳申屠山迁到这里，渐渐繁衍成深澳村的望族。村里40多幢堂楼，都是明清古建筑。相比安徽的宏村，浙江的乌镇、西塘这些有名的古镇，深澳古村是默默无闻的，甚至于在这之前，我都没听说过，因为来三生一宅，才有幸得见这个隐藏在桐庐的江南古村。

　　行至一间老房子前，见门口横梁上的石墙已有了缺口，灰白的老墙也裸露出了内里的黄泥，往门口望，更见萧条落寞景象，是一间年代久远、十分破旧的老屋，然而依然安静地默立着。门框上一块铁牌子写着：行素堂，建于清末，建筑面积 34.5 平方米。古村对于这样的古建筑，依然十分珍惜地保存着。

　　慢慢地，就走到了申屠氏宗祠门口，祠堂便显得庄严气派了。这大概是我见过最有味道的宗祠了，正堂的墙上呈列着申屠氏祖先的画像和历代申屠氏名人的介绍，侧厅还连着一个后院。移步后院，青砖灰墙，花木扶疏，端的是宁静雅致。

　　想到这里的百来户居民，住在这样一个古朴的村落里，过着悠闲宁静、远离喧嚣的生活，好生羡慕。对于一个每天要在城市谋生度日的人，若有机会，暂时放下忙碌和紧张，来三生一宅住上几天，在这些古宅老屋门前走走，感受一下几百年前的古旧时光，也是一件幸福的事了。

慢下来，把日子过成诗

第二章

溪涧清流
万物生长

过云山居

白云不负我

文 孙 雯

一片轻薄的云，正从远处飘过来——
云果然不负早起的人。

错落的白房子，在左手边的山谷间划过，随后隐于青翠的林间，像一个梦境。

那一定是过云山居。

透过车窗，我一眼就看到了它。

山路并不曲折，两三分钟之后，它又自核桃与杨梅树的背后现身，而"过云山居"几个字也立在了眼前。

已是黄昏。

幽蓝的天幕下，远山浓浓淡淡地推开，脚下是鱼鳞状的水田，一片一片往下蔓延，几乎延宕到远处山洼里的小村庄。而过云山居的白色调越发显眼了，它如形状独特的项链，挂在山的脖颈上。

可是，云在哪里？

自山肩俯瞰，面向如此开阔的空间，我想象不出，过云山居的云，将会从哪里升腾而起。

1

我在白房子之间绕行，寻到了"90后"女孩哒哒，她是过云山居的一位管家。

哒哒——这是一个还未念出口，就让人觉得活力十足的名字。

事实上也是如此，哒哒热情，等她将手头的事忙完，便带我参观了整个过云山居。

哒哒还记得一年之前，她在过云山居度过的第一个夜晚。作为管家的她，工作的第一天被告知暂且忘记自己的身份，就当自己是一个初来山居的游客。

过云山居的每一栋楼都有一个主题。这些主题，在白色方形大房子的内部，被演绎出了千变万化的形态。

无邪、南环新村、初见、滤镜——这是四幢楼的名字。而孩子、主人、恋人、闺密的身份和故事，隐身在这些名字的背后。所以，那一晚，哒哒在1号楼想着带小外甥来，在2号楼想着带父母来，在3号楼想着可以带以后的男朋友来，在4号楼想着带要好的姐妹来。

她首先被4号楼房间中的大化妆镜震撼到了，如同舞台的后台，是属于闺密的私密空间，而打开它，就如同即将迎来一场专属于女孩的盛大登场。

显然，过云山居可以猜透一个人的心，你在何时、想带何人来拥抱这片山水，它知道。

我和哒哒在山居游走的时候，一条名叫"妹妹"的柯基犬一直跟随着我们，当我平静地喊一声：妹妹，过来。她不动。哒哒说，妹妹需要热情的互动。于是，学着哒哒的样子，我酝酿情绪，手舞足蹈地再喊它，妹妹真就雀跃着飞奔而来。

或许，狗狗也知道，既然来到过云山居，就要释放自我。

2

由过云山居往上，是另一家民宿：大乐之野。

夜幕之中，哒哒娴熟地开动电瓶车，带我去大乐之野转了一圈，先是围观了烤全羊，和前台的小姐姐打过招呼后，径直走上通往房间的楼梯。

大乐之野，以及再往上的云溪上，哒哒对它们的特点了然于胸，熟稔如一家人。

这趟串门，让我走进了过云山居的胸怀。

在桐庐这片山水之间，它从不将自己看成一个个体，而是"宿集"这种模式的引领者。

过云山居、大乐之野、云溪上，三家大品牌民宿几乎同时在桐庐落地，它们集中诞生的"高光"，让一些小型民宿在是否选择到附近落地产生了犹疑。

但是，包括过云山居在内，每一家都在敞开、在接纳，在发生着因这片山水而起的变化。

一个大型民宿市集计划，正在谋划当中。

或许，在水稻金黄的时节，这面山上的三大民宿，将联合附近的大小民宿，各自捧出独具特色的文创产品，相互交流，并面向山外的世界。这样的市集，各大民宿都曾参加过，但是为桐庐的这片山而聚，这将是第一次。它的背后，是抱团取胜的经营思路。

哒哒说，就过云山居而言，它有香薰、精油、配套的文创产品。而我的手边有两包过云独有的"端午茶"，它们正散发着五月江南的味道。

夜深了。虫鸣让四野愈加安宁。

微雨潜来，我站在无比阔大的阳台上，任由细长的雨丝随风拂

山居日子，亦动亦静，可随心而为

因对景观超凡的认知，从而也深谙云的踪迹

来，它们挂到脸和手臂上，痒痒的。

有雨，云会来吗?

我想，云一定会来。

3

第二天，5点晨起，只为看看那云是否会如约而至。

夜里开启的小雨，力道分明在中途加大了。到了早晨，青山如洗。

一片轻薄的云，正从远处飘过来——云果然不负早起的人。

推开门，一只大白狗卧在门外，随后跟随着我在山居的细雨中漫游。我走，它也走；我停，它也停；见我迟迟不走，它又十分欢脱地跑到远处的田埂上，立住，回头望着我，好像在说：你，快来啊！

后来，哒哒告诉我，它是大乐之野的桐桐——原来，几家民宿的关系好还真不是随便说说的，连狗狗们都如此相熟。晃荡半个多小时，桐桐将我送到房门口，摇摇尾巴跑开，去找其他的乐子了。

此时，那一小片轻薄的云，慢慢涌了过来，悄无声息地扑在我的窗户上，又魔法般笼罩了山，笼罩了竹林，笼罩了梯田，也笼罩了整个过云山居。

过云，果然名副其实。

可是，过云山居的创始人，又如何料定这片清朗开阔的山谷一定有云？

第一家过云山居，在浙南山区的松阳。山居所处的那个名为西坑的小山村，身在海拔 600 多米的半山，它自然有云。

为了桐庐这家过云山居，三位创始人——李超骏、廖敏智、潘敬平在这片山野中奔走了许久。

苏州是他们的家乡，松阳是他们民宿事业的起点，如果在苏州和松阳之间画一条线，桐庐的钟山乡恰好在临近中点的位置。

如果不是李超骏先生说起，我大概永远不会意识到这种地理位置的奇妙所在。而这，是过云山居落地此处的原因之一。显然，在浙地的秀美山水之外，桐庐的过云山居还涉及某些归于内心的存在。

站在阳台上远望，越过开阔的谷地，山那边就是富春江。

李超骏说，过云山居和"富春山居图"只隔着一扇八米的玻璃窗，那是肉眼所及最为漂亮的景观。而那一刻站在阳台的我，其实就隐于"富春山居图"的山水之间。

云卷云舒，是大自然的事情。但在既往的经验之上，三位创始人因对景观超凡的认知，从而也深谙云的踪迹——这建立在厚积薄发的美学基础之上。

所以，云来，是自然而然的事。

4

绵密的雨，静谧的山间，这样的词组总让人联想到孤寂。

但过云山居里的日子，亦动亦静，可随心而为。

早餐的间隙，多数客人尚在安睡，我在山居的过雨书屋咖啡馆坐了片刻。整个建筑一共两层，上层为咖啡馆，下层为书屋。两面大窗，映入两幅样貌不一的画——都是梯田，但一幅俯冲而下，一幅拾阶而上，翠竹、核桃、水杉……点缀其中。这正是雨中的"过雨"。书架上的书，来自山居的客人，他们让自己读过的好书，在青山绿水间得以安放，并联结起同样想读它的人。

只是几刻钟，山居的公共空间热闹了起来。大人与孩子，在茶与咖啡的幽香中，在碧蓝的泳池中，在碎花缀满的草坪帐篷中，开启一天的看云生活。夜晚同样不寂寞，除了书房，还有影厅和棋牌室，用以山间偷闲。

这个早晨，我见到了梅姐。每天早上她都早早由山下的村子赶到山居，料理客人们的早餐。她值早班，也是想让几位"90后"管家多睡一会儿。

到底是山谷拥抱了我，还是我拥抱了山谷

泳池和书屋之间的连廊，也有一扇窗，两只橡皮粉色的高脚椅搭配高高的吧台。

梅姐说，这里是她女儿最喜欢的一个角落，上次来山居还拍了几张照片，她提议也在这个位置给我留一张照片。

我坐定，看窗外的山谷，看山谷中的云雾、远树、梯田，突然想——到底是山谷拥抱了我，还是我拥抱了山谷。

蘑菇屋

不知不觉让人着了迷 　　文 何婉玲

在蘑菇屋的时间，总感觉会特别慢一点，
这样的慢，让人感觉赚到了一般。

1

　　去蘑菇屋的前一天，我特地重温了一遍《向往的生活》第二季。嘉宾乘船到桐庐，汽笛一响，富春江碧沉沉的江水在船尾拍打出雪白的浪花。两岸风光怡人，霭霭停云，漫漫绿水，水鸟"哗——"的一下掠过江面。

　　蘑菇屋在桐庐旧县合岭村，旧县在唐朝贞观年间，就成为桐庐县治所在地。蘑菇屋是村庄水泥道路尽头的一处房子。虽然我们是第一次来，却有旧地重游之感，你看，木门、夯土房、院子、秋千、茶亭和土灶，统统都在，稻

朴素、简洁中透出动人之美

田、荷花池、竹林、水库，什么都没变，连鸭子"彩灯"也是原来的模样。

我们像遇见大明星般围着"彩灯"合影拍照，蘑菇屋的魏管家笑着告诉我们："这其实并不是节目中的那只'彩灯'，节目中的小动物全都随着节目组一起走了，院子里这只'彩灯'，是用节目中'彩灯'下的蛋孵出来的。它是'彩灯'的孩子。"

蘑菇屋原来的房子是节目组为拍摄临时搭建的，现实中的房屋状态，并不适合居住。民宿主人刘立超为延续"向往的生活"，从安全性和舒适性考量，将房子推倒重建，重建过程尽量留住一些节目中的元素。

因此，蘑菇屋有了一个新的名字叫"留住"："留住彼此的爱，留住向往的生活永不落幕。”

“留住”共九间房，其中有间房叫“天霸”，这不是那只爱偷听的山羊吗？还有房号 H、O，无疑是节目中柴犬小 H 和小 O 的名字了。更有意思的是，每个房间都有一种独特的草木气息，他们使用全天然草本矿石粉作为房间涂料，让每间房都有不一样的气味：荷花、百合、檀木、紫草、榧木、杭白菊……人在其中，有处于大自然的宁静芬芳和自然恬淡之感。再一抬头，你会发现房间上方还有一扇天窗，“天气晴朗的夜晚，可以看到星空”。

我又想起《向往的生活》中关于星空的谈话：“为什么这儿的星星那么闪，有人说是因为这儿慢，你的那颗心就腾了一些地方，去注意天上的星星，然后你又留了一点时间去等候一颗流星划过。”

重获新生的蘑菇屋，朴素、简洁中透出动人之美，这种美，是一种至真、至纯、至朴的美，留住了人们对向往生活的所有念想。

2

五月的蘑菇屋，笼罩在江南烟雨的蒙蒙水汽中。雨点啪啪打在窗玻璃上，先是一道道，接着整面玻璃都花了。雨水中，能闻到潮湿的泥土味道，这种味道清清凉凉的，带着初夏气息。

不少客人冲着《向往的生活》这个节目来这里，为满足客人需求，民宿延续了节目中出现的各类活动，譬如，插秧、捉泥鳅、捕鱼、摸螺蛳、挖笋、劈柴、水果采摘等，到了晚上，院子里还会有烟花、篝火，每一个到民宿的客人都能过上丰富充实的一天。

每一个客人都能过上丰富充实的一天

　　"前阵子将油菜收割了，客人们可以在院子里体验打油菜籽"，打油菜籽用的是当地农民自制的传统工具"连枷"，用三根毛竹竿，一根接一根绑在一起，噼噼啪啪打在高高的油菜堆上，细长豆荚里的黑色油菜籽一粒粒蹦跳出来。客人们玩得不亦乐乎。第一批客人打完油菜籽，第二天回家；第二批客人来，继续体验，然后在晴朗的日子，与管家一起，将这些油菜籽铺开在院子里晾晒；到了六月，管家就可以提着这些油菜籽到榨油坊榨成金灿灿的菜籽油。

　　再过一个多星期就是芒种，陆游写："时雨及芒种，四野皆插秧。"六月的雨水更加丰沛。前一天下午，已有迫不及待的客人，穿上下田劳作服走进田间插秧。也有忍不住好奇的孩子，赤脚踩入暖乎乎、软绵绵的泥土里，为双脚被土壤包裹的奇妙感觉尖叫着、惊叹

一片水稻田就是一处游乐场

着，然后有模有样地学着大人将秧苗歪歪扭扭种进大地。

"这一片水稻田就是一处游乐场。它没有多么微言大义的部分。它只负责虫鸣、鸟叫、蜻蜓飞舞、万物生长、冬去春来、周而复始。它向真诚的人敞开怀抱。"这是周华诚在他的《一日不作，一日不食》中写的稻田。

从一粒粒米到一碗碗热腾腾的白米饭，这期间，要经历播种、灌溉、插秧、收割、晾晒、舂谷、蒸煮，每一粒谷子都代表了一滴汗水。

　　书上得来终觉浅，不如亲自下回田。"只有亲自劳作过，才知道劳作和收获的不易。玩的过程，也是一场自然教学，一次对生命的感悟。"

　　孩子们在稻田里了解了水稻的生长、粮食的由来，也感受到了劳作的艰辛、汗水的价值。大人们则在稻田里懂得了缓慢的价值、时间的意义。

　　一项完整的农事劳作，要经历很长一段时间，蘑菇屋的农作物从种植到收获，由不同客人接续式地参与其中。等到收成了，蘑菇屋会将收获的成果寄给曾经参与其中的客人。蘑菇屋的农产品以赠送为主，让客人即便在离开民宿很长一段时间，也能收到来自民宿的问候，共同分享劳作过后收获满满的成就感。

这样的礼物，真正有机纯天然，挥洒过自己的汗水，尝起来，味道真是不一样啊。

周日的上午，我们在蘑菇屋里采访、磨豆子、煮豆浆、喂山羊、荡秋千，做了好多好多事，还出门沿着村里山路，一直走到水库边晃荡了一圈。回到民宿一看时间，怎么还没到中午？

时间这东西，看不见，摸不着，但就是很玄乎，这种感觉很奇妙，为什么在蘑菇屋的时间会特别慢一点，这样的慢，让人感觉赚到了一般。

黄磊说："劳作一天后，夕阳西下，大家围坐在一起，享用粗茶淡饭，饭后的发呆时光，不知不觉让人着了迷。"

在这里，好似有大把的时间可以挥霍，有无尽的风景可以欣赏，有亲爱的人可以长长久久在一起。

3

接待我们的魏管家，还是个大二的在校生。

在蘑菇屋，除了厨师和阿姨外，民宿的管家基本通过校企合作来到这里。所以你总能看见一群年轻而朝气蓬勃的脸孔。

魏管家在校是学生干部，专业是酒店管理，他的同学大多选择在城市里的大酒店实习，但是他想要来民宿看一看。

向往的生活，由客人自己来定义

"近几年民宿发展欣欣向荣，来民宿，能掌握一些和酒店不一样的知识，能丰富自己的阅历。"他说，"在民宿实习，不仅是对专业知识的一种实践和融会贯通，更是学到了学校里学不了的农事技能。"

农事技能，大约是魏管家来蘑菇屋的意外收获。他站在厨房里，熟练地洗刷锅碗，熟练地打开煤气灶，熟练地用滤网过滤我们新磨出的豆汁，并颇有耐心地站在灶前煮着豆浆。"这是民宿管家必备的基础技能。"

实践中的民宿管理与课本上的理论知识，还是有不一样的地方，课本上有一块重要内容是处理酒店与客人之间的投诉及矛盾，但他发现在蘑菇屋，并没有课本中提到的矛盾和问题，平时和客人相处，总是融洽的多，温馨的多，大家像朋友一样相处，那样的感觉特别美好、舒心。

在蘑菇屋的半年很短暂，但这段时光可以说是人生非常难忘的一段经历，离开蘑菇屋后，他还要重返学校进一步学习。有了实际工作经验，再回学校，对课本中的理论知识，会有更多新的感悟和理解。

蘑菇屋是个神奇的地方，它迎来送往，让每个来这里的人，都能留下独特回忆，带走不一样的收获。

4

来合岭村，你会发现村里有许多"向往的生活"的字样及元素，置身这样的环境，你也会忍不住煞有介事地思考起来：我内心向往的生活，到底是什么？

每个人对向往的生活，都有不同的理解，每个阶段也会有不同答案。来蘑菇屋的客人，有的喜欢体验农田生活，专程过来寻找田园；有的想要逃离城市生活，来山里放松一下，发发呆，睡个觉，感受"浮生偷得半日闲"之悠然。

对于向往的生活，民宿本身不给出定义，它并不告诉大家哪种生活是最好的，它只提供场所，让客人自己来定义。

《向往的生活》节目组，也问过大家同样的问题。

黄磊说："我所向往的是国泰民安。我希望这个国家能一直向前努力，人民可以更开心、更快乐地生活，因为我也是人民的一员。"

张子枫说："我最向往的生活，是我能做最舒服的自己，和一些喜欢的人和事物接触，一直聊天，一直玩耍。"

我问魏管家，你所向往的生活是什么？

　　他说，他小时候并没有接触过太多农村生活，来这里，第一次接触农田，很新奇，还经历到了很多人生第一次。当下所向往的，就是不断去体验。

　　民宿留言簿里，有一个署名"小鹿老师"的客人，写下了她的向往："蓦然回首，所有的前方都只是旅途，比诗和远方更重要的是——我们在一起。"还有一个客人用热情洋溢的字体写下"站在自己热爱的世界里，闪闪发亮！"

　　有趣的是，当你在蘑菇屋思考"什么是向往的生活"这样一个认真的问题，不会觉得很艰涩，反而觉得特别温馨、特别深刻、特别有意义。

　　我所向往的生活是什么？就是像现在这样，坐在一块田边，不远处有一脉山，山里的雨淅淅沥沥，一切都是清幽而宁静的。

　　宋朝诗人王之道《遣兴》诗曰："点水荷三叠，依墙竹数竿。乍晴何所喜，云际远山攒。"

　　这就是我所向往的感觉，这就是蘑菇屋。

原乡芦茨

归向江湾处 / 文 麻 布

夏日的芦茨湾，
树枝低垂，接近了水面，
葱郁的树影下，江水和天连接得很紧，
记得坐个小船。

开车约 1 小时 40 分钟即到达了原乡芦茨，一家位于富春江边的民宿。这是今年第二次独自前往了。从白云深处回来后，一来二去也熟络了，已经不称呼老板为大海了，大家都叫他海哥，我也这么叫。

海哥说，秋冬在山上的白云深处看雪，春夏该在山下的原乡芦茨看湖。

这个时候，日渐长，花渐盛。

富春江面升起的雾，微风拂过的芦茨湾水面，都有了些灵动与生机。江岸对面整整齐齐的树，秩序井然地守卫着这一片江水。大树的枝叶，偶尔也会在微风里相互轻咬，湛绿的叶子倒映在水面上，时不时地有游客坐着天鹅

民宿的空间里，总会留下主人的理念和气息

船划过，悠长的水波被甩在了船的后头。

俨然是我这个城里人没见过的一些场景。

这天，恰逢一群来自上海的客人在原乡芦茨门口湖边码头上办茶会。一群姑娘穿着长袍，手捧插满花束的瓶子，安顿好茶具、坐垫，还有一些小吃食。摄影师负责拍照，不一会儿相机里就记录下不少大片。瑜伽课开始了，音乐响起，姑娘们闭眼静坐，且听风声。来这里的城市人不少，他们从上海、北京、杭州等地赶来，五湖四海的都有。

原乡芦茨在山下，一号楼、三号楼正对着富春江，15 间房都能看到江景。

三号楼偏向于现代简约风。公共区域功能很齐全，前台直接做成了酒吧，客厅带着壁炉。赶路累了，放下行李就可以在前台喝一杯。院子里的泳池刚建起来不久，用处颇多，夏天游泳拍照，到了冬天，整一场露天电影，看一部《千与千寻》，啤酒配上烤鸡。

紧挨着的一号楼，风格偏中产日式，古色古香的陈列。海哥在民宿里隔出了一间茶室，摆放着不少有些年头的老物件。小木架上立着"兰香茶韵"的字幅，随处可见年代久远的茶碗、罐子。他泡上一壶工夫茶，给我倒上一杯，品饮起来。"我对美学的理解是简单不浮夸。"闲坐于茶室中，向外望着富春江景，着实动人，怪不得来原乡芦茨的客人能在海哥的茶室里坐上一天。

再说说吃的。山里的食材都取之于自然。江里捕上来的鱼虾蟹，炖个汤，做个清蒸鱼，不用放味精，味道可鲜美了，我能喝上四碗、五碗不止；春卷里包着炸脆的排骨，这我是第一次吃，一口咬下去，香脆又不咸口；山里的玉米、红薯、小土豆，就着小米粥吃下去，十分落胃。

还有，一定要尝尝海哥泡的梅子酒和可烤可蒸的板栗。

夏天的故事，要从泡梅子酒开始。"好久没见，好酒梅见。"最重要的是，有好酒好意境，才能有好人生。女孩子都爱喝梅子酒，我也不例外，度数不高却醇香醉人，是一种清纯又浪漫的酒。

五月份的时候，就会有一群背着背篓去摘青梅的人。一个人爬上树采摘，另一个人在下面接着，摘下来的青梅尝一口，那真是酸爽不已。也可以去草丛里捡，大大小小掉落的青梅也不少。

摘回来、捡回来的青梅得细心挑选一番，要挑一些表面干净、没有破损的。洗干净了就晾在阴凉处。梅子底部的缔结要用牙签挑干

在这里，小虫和知了也会时不时打扰一下心绪

净，不然泡出来的梅子酒味道不尽人意。

下一步是把青梅泡在玻璃罐里，有时候海哥也会把玻璃罐换成陶瓷老坛。"老坛避光好，酿出来的青梅酒越发醇香。"海哥说。

泡酒的时候，一层青梅，一层冰糖，慢慢地倒下去。最后一步密封酒坛，用的是新鲜粽叶，是在江对岸摘的。再用麻绳扎紧，就算是大功告成了。然后就等着开封的那天，不可急促，时间越久越醇香。

板栗也是要尝的。每年的九十月，芦茨村的板栗树差不多成熟了。原乡芦茨的边上就有一棵板栗树，到了季节有不少板栗掉下来。拾完，撬开毛刺的外壳，烤个十几二十分钟，就可以吃起来了。

我咬了一口，野生板栗比城里的确实多了几分不腻味的甜。或者留着肚子，再来一份蒸板栗，比较原汁原味；又或者没吃上烤鸡，来

闲坐于茶室中，向外望着富春江景，着实动人

一份板栗烧鸡也是不错的。

我去的那天，店里的管家带我玩了一圈。没想到"00后"也已经步入社会了。小管家还是从"民宿粉"转的"民宿工"。第一次在微博上刷到白云深处，就成了铁杆粉丝。"太美了，这是我向往的乡村生活，有酒有肉有朋友。"

今年，刚好赶上毕业实习，这些管家不远万里来到了桐庐，当起打工仔。虽然主要是在原乡芦茨上班，但离白云深处也不远，毕竟山上山下不分家。"来了以后发现，老板有趣、员工有趣、客人有趣，我不再单纯地迷恋白云深处了，爱上了这山里的所有。"

恰逢秋天时，管家们会带三五个客人去码头打板栗，有些会落进水里，雨水打湿和过熟的都没办法食用；落在地上的栗子，需要用夹子拨开毛刺取出栗仁，晚上给大家烤板栗。有些栗子用来做栗子酱，可以抹在吐司上。

海哥还会带他们爬山，爬的山往往没有路，是未知的悬崖和陡坡。一行人披荆斩棘，半途还饶有兴致地在山间煮了一泡茶，再继续往前。按管家的话说，很磨炼意志、考验体力，但这才是真正山民的生活。

管家还记得，两位女客人，用枫叶画了许多关于民宿的画，临别时赠予他们，与管家拥抱后离开。

"美好的回忆多到我都记不清，好像我的生活已与大山融为一体。"

"那毕业后呢？"我问。

"起初只是尝试。如今，有越来越强烈的继续留在这里的想法。"

山里的食材都取之于自然

　　当然，来原乡芦茨也有不少别的玩处。

　　夏日的芦茨湾，树枝低垂，接近了水面，葱郁的树影下，江水和天连接得很紧，记得坐个小船。夜里渐凉的稀薄空气，沁人心脾。运气好的夜晚，能看见满天繁星，盈盈的银光，头顶的月色清朗，云雾淡淡。小虫和知了也会时不时打扰一下心绪，不多会儿，山里又恢复了幽暗的宁静。

　　沿着富春江往山里走，能走到严子陵钓台。"古木笼烟半锁空，高台隐隐翠微中，身安不羡三公贵，宁与渔樵卒岁同。"想当年，严光拒绝了光武帝刘秀之召，拒封"谏议大夫"之官位，来此地隐居垂钓，定是不舍这入雨的江南，烟波粼粼。

　　……

　　总之是玩不够的，在这小院前，江水旁，时间很长、很长。

　　五年了。从原乡芦茨到白云深处，还有即将建成的原乡芦茨二号楼。一切顺理成章，井然有序。在做民宿这件事上，海哥变成了"慢条斯理"的人，如果一味地机械复制，他宁愿不要。所以慢一点，再慢一点。"把我脑海里的乡村生活理念带给每一个来到这里的人。"

大概民宿的空间里，总会留下主人的理念和气息，时日一久，哪儿哪儿都是一股子清新淡雅的味道。

原乡芦茨开张的时候，民宿行业正从巅峰跌落。海哥倒是没有受太大的影响，始终如一地盖房子，和一群志同道合的人，做些自己喜欢的事。"一日做事，一日不死。"他的口头禅。然后，冬去春来，为人们一次次生起温暖的壁炉。

沐云山舍
你的假期，我做主

文 章衣萍

在看照片的那一刻，
情绪和状态被拉回到那个快乐的周末，
恍惚间似有山中凉风吹过脸庞。

去大路村要往小路走，一条沿着紫锦山森林公园蜿蜒的小路。正是春天，红色、粉紫的野生杜鹃开了满山也落了一地，车轮卷着花瓣路过村舍，行至住家零星处，一座带着大大落地玻璃的四层白色小楼——沐云山舍背靠大山静待客人前来。

1

这里是丁十一一家人的家，也是前来度假的客人短暂的家。

丁十一出来迎接我们，一家人走到一楼门廊处，她

山舍背靠大山，静待客来

送上尺寸刚好的三双拖鞋，让我们入住这个新家多了几分仪式感。

几年前，丁十一家的房子需要重新翻修。"我家周围的环境那么好，不如就多花一些钱，把房子改建成民宿，让生活在城市里的人能来这里体验山野生活。"于是，学建筑设计的丁十一亲自动手绘图监工，就有了现在的沐云山舍。

民宿的位置在一个胳膊弯路口，背靠着大山，正对着的，也是大山。宽大的落地窗户望出去，皆是林木葱茏，是都市人喜爱的景致。正在学着背古诗的女儿米兰，站在门廊下望着大山问："《山居秋暝》就是这样的吗？"

"住进大山里，一天也遇不上几个人，一群人可以在这里好好疯玩，也可以安安静静地享受。"从一开始，丁十一就给沐云山舍定位是做包栋民宿，专门用于家庭聚会、朋友派对和公司团建。于是，二楼的公共区域宽阔且敞亮，设备齐全的公共厨房、小型家庭型 KTV 设备、150 寸超大投影幕、小霸王游戏机、蹦蹦床，搭配上麻将机、台球桌、多款桌游和数百本书，即便不出门，一伙人也能在这里疯一天。

　　民宿建成后，一家三口各司其职，承担起了民宿的日常运作。就拿我们这次旅程来说，对接和接待我们的是丁十一，床单被子和两餐是出自丁妈妈的手，吃的樱桃、喝的茶都是由丁爸爸亲手采摘。住下的几天，有种被丁十一一家人照顾着的温暖感。

吃的樱桃、喝的茶都由主人亲手采摘

2

　　我的先生和女儿，就在我和丁十一聊了几句的同时，迫不及待地拿着网兜去门口小溪中抓鱼了。就这会儿工夫，他们已收获了 4 颗螺蛳、5 只虾和 10 条小小鱼。

　　被评为森林氧吧的紫锦山森林公园，有着良好的生态环境。民宿门口的小溪水清见底，生物多样，不少周边居民开车拿着大桶来接水。

　　住进大山，必须去山中走一走，丁十一早有安排。拉起门口满载装备、饮料、水果的野餐车，背上她的佳能 5D3 相机，带着我们出发。

　　路边开满了各色野花，丁十一采下一束黄花，让米兰拿在手上，又给她挎上一个小竹篮子作为拍照的道具。

　　拉着野餐车，一路采着野花拍着照片前行。山中不见车也不见外人，只偶遇了为采一把大葱而来的丁妈妈。

　　来到一片开满白色小花的树林，从野餐车里拿出大包小包。丁十一好像变魔法一样，把一堆棍子变成了野餐桌、野餐椅，再拿出饮料、杯子、水果、茶点。

　　野餐开始了，阳光正好，鸟儿啾啾，溪水潺潺，花美果蜜，干杯！

　　回到民宿，丁妈妈已经备好了晚餐。竹林里挖来的竹笋、山里飞跑的走地鸡、田间自家产的菜，还有黄澄澄的土鸡蛋，全是大自然的馈赠。大路村的美食多半来自山间田野，春笋宴、大路米、大路年糕都名声在外。

第二天一早，上山摘樱桃去。

走过"乱花渐欲迷人眼"的山间小道，路过挂满小红果的野樱桃树，就是丁十一家的樱桃园。树顶上的樱桃最甜最鲜美，先生抱起女儿，去摘那最红的果子。

3

"我会给不同的客人安排不同的活动，当然有些特别能玩的就不用我操心了。"

来的客人，无非是这样几类：扶老携幼的家庭团、亲子团，以年轻人为主的同事团、朋友团，还有招待客户的商务团。怎么玩？玩什么？丁十一见招拆招。

漫步乡间绿道，一次在青山绿水间的野餐，亲手做一回竹筒饭，这些对体力要求不高的活动，最适合三代同堂的家庭团；门口小溪里抓鱼摸虾，上山挖野菜、竹笋，采樱桃、覆盆子，只要体力够好，这些乡间野趣都能体验，亲子团、同事团都很合适。

"有些客人来了以后就在角落里各自玩手机，闷闷的也不聊天，我就看不下去。"遇上这样的情况，丁十一就要想办法破冰，先一起玩玩桌游，打个游戏，气氛就不一样了。

朋友团是玩得最疯的，小哥哥小姐姐穿上衣袂飘飘的汉服行走在山水间，画风顿时雅致不少；还有凹出仙气与黑暗交织的哥特风造型的主题派对，结合骷髅手等诡异小道具，好像天天都是万圣节。

小溪里抓鱼捉虾，上山挖野菜竹笋，这些乡间野趣都能体验

从窗户望出去，皆是林木葱茏

无论是哪类客人，丁十一都会拿起相机，为客人记录下快乐瞬间。

再往外走，大路村能给你更多的乡趣体验。

春天，黄澄澄的油菜花是最亮眼的风景；夏天，可体验清凉刺激的漂流；秋天，到金灿灿的稻田里体验一回割稻子。

"呱呱叫"欢乐农场利用复垦农田打造农耕亲子体验；总长 15.8千米的九龙绿道贯穿大路村，穿起新龙、天英、里湖、儒桥几大行政村，是骑行者的最爱。

这里还有着桐庐独特的隐逸文化，吴越时的范蠡、西施，曾在这里避世隐居，因此大路村也是 3A 级景区范蠡休闲养生村落的重要组成部分。

分水镇是"中国制笔之乡"，游客还可在这里了解分水笔文化历史，参观 G20 峰会特供笔制造过程，体验制笔乐趣。

4

作为民宿的运营主理人，丁十一总是在琢磨，在学习。

跑去各地听讲座，在"老纪蚝宅"的讲座上学习生意经，在抖音摄影达人"门叔"的讲座上学习怎么拍好人像照，再去听一听白金宿主理人的成长故事。

以前，她做过电商，给产品拍照。民宿开业后，她就专门买了一台佳能 5D3 相机，配了人像头，给来的客人拍照。"有了照片，这段旅程对他们来说记忆就更深刻一些，对沐云山舍的感情就会不太一样。"丁十一这样想。

在空闲的时候，去一些网红旅游景点玩玩顺便学习。于是在她的朋友圈里，一会儿看到她出现在长沙街头打卡茶颜悦色，一会儿发现她去了西双版纳避寒潮，一会儿又跟着她去了潮汕喝工夫茶。

民宿的各项细节，也在不停的优化中。浴室出热水较慢，配上相应的提醒牌，别让客人等急了；备上数套汉服，方便客人拍照凹造型；冬天山中寒冷，除了常规的取暖设备还准备了热水袋。

亲子家庭该有的设施也很齐全，小朋友的小拖鞋，泡澡的小浴盆，洗手台前的垫脚小凳，还有儿童餐椅和儿童餐具，丁十一都一一备上。

还有，民宿门口的小花园，该种什么植物，怎么种，她也在慢慢琢磨和尝试。

最近，她又在研究做港式甜品和水果茶，过不了多久，民宿的客人们又能多享受一项增值服务。

"叮咚！"在结束短暂假期回归工作的一个下午，丁十一在微信上发来了照片。阳光下快乐的笑容，奋力采樱桃的瞬间，都被记录了下来。我想，丁十一是对的，因为在看照片的那一刻，情绪和状态被拉回到那个快乐的周末，恍惚间似有山中凉风吹过脸庞。

未迟

看山的 12 种姿势

文 何婉玲

这个地方，确实冷门，
但开门见山，风景绝佳，
溪谷白云，山中鸟鸣，
仿若一幅宋画。

1

小满后，雨水就多了起来，赶到未迟，雨仍在下个不停。赵倩为我撑了把伞，民宿里的伞大，我们俩站在伞下，一起望向蒙蒙雨雾。

"晴天的时候，站在这里，能看到一幅画里的富春山居图。"赵倩告诉我。但此时，我们的眼前，云烟漫漫，除了白茫茫一团，什么也看不见，唯见近处几棵绿树，从云雾中窜出个尖，让人觉得好似站在很高很高的山顶。

突然一阵风吹过，带走一大片云团，就那么一瞬，富春江的千里江山，重峦叠嶂，气象万千地呈现在了眼前。

近处池水如镜，远处山峰翠绿

　　"在这里真能看到黄公望的富春山居实景啊！"我有些激动。

　　赵倩说，在未迟，有12种姿势看山，每个房间都有一种看山姿势。她带我沿着木楼梯，一直走到一号楼"云"的三楼公共小书吧，书吧内有一张沙发，这里是"画中看"。

　　我们往沙发上一坐，视线正对一面3米长窗，透过长窗，刚好框住一片连绵起伏的群山之峰，近山远山，半明半暗，不正是"画中看"吗？

　　设计师有心，《富春山居图》就这样被"挂"在墙上，而且是一幅真实的、会流动的山水长卷。

　　晴日，能望见近处的湖水如镜，远处山峰翠绿深蓝，仿佛都是一点一线描摹出来的工笔画；雨天，则是泼墨写意，深深浅浅的绿，浓浓淡淡的墨，水连天，天连水，山水如屏，较之晴天的山，竟更有意趣。

在未迟，四季皆可看山。春日，煮一壶老茶，坐在沙发上看；夏日，浸入一池清水，站在水中看；秋日晴窗对坐，看月里桂影，看落日熔金；冬日则慵懒卧床，静待山色云影入梦来。

我和赵倩走进二楼茶室，茶室有一面大落地窗，我们在落地窗前站了一会儿，那些翻滚在青峦之上的云雾，突然让世界有了大宁静，所有嘈杂喧嚣都溶解进山色雨水里。

2

未迟三个创始人，马岛、少寻、陈浩，其中马岛和少寻都是同济大学博士毕业的设计师，他们为别人设计了很多房子，也想给自己设计一栋，于是就有了未迟。

"我们每家店的选址，从来不看这个地方有多火、有多热门，相反，我们要找的是足够冷门的地方。"赵倩说。

在未迟刚进入桐庐合岭村张家舍时，这个地方，确实冷门，但开门见山，风景绝佳，溪谷白云，山中鸟鸣，仿若一幅宋画。

未迟的民宿偏设计感，"颜值是我们不可或缺的核心竞争力之一"。未迟通过建筑，把当地特色提炼、挖掘，打造成一个个新的网红打卡点、热点。除了桐庐店，未迟的张家界店、宜兴店、绍兴店、衢州开化店，同样先于他人。选择那些非常小众，很少被人发现的地方，通过民宿，呈现出当地最富特色的东西。

未迟每家店都有自己的独特之处，如桐庐店，拥有得天独厚的富春山水实景；张家界店，使用了当地非常有名的红砂岩；绍兴店，开在万亩茶园之中，房子的设计融入了丰富的茶文化元素；宜兴店，靠近山体，依山而建；开化店，坐落在一座千年古村落里，村里不到100户人家，都是老人，但它所在的经纬度，可以肉眼看到星河，喜爱观星的发烧友，会慕名而去……

"我们会去找那些相对安静、自然韵味醇厚的地方。"你去看未迟，会发现它的每个作品都藏有"仁者乐山、智者乐水"的文人气质。

3

2016年，创始人团队找到赵倩，请她找个店长。

"要什么样的店长？"

"我想要这样一个人，当他看到门口的绿叶带着清晨的露珠，会忍不住摘下一片，放在客人用的早餐旁边。"

虽然未迟走的是品牌化、连锁化道路，很多管理也在走向标准化，比如洗马桶要用84消毒水，但是服务一定不是标准化的。"不能用酒店的那一套服务标准来做民宿，哪有酒店服务员带客人出去玩的？在酒店这是绝对不符合标准的，但在民宿，却最符合标准。"

"爱说爱笑，眼里有光"，这是未迟招人的标准。

正是由于这条标准，你到未迟，会发现未迟的管家不仅极富文艺

水连天，天连水，山水如屏

气质，还多才多艺，有的管家甜点做得好，有的管家会调酒，有的管家特别喜欢和客人说话，还有的管家会唱歌弹吉他。

"我们的管家在这里基本工作三年以上，人员很稳定，因为每个管家都是未迟的主人，都能与客人建立很深的感情。"

每到过年，管家会给熟络的客人寄一些山里的猕猴桃酒，寄一些现摘的野果，或者土鸡蛋、土蜂蜜，还会手写一封信，虽然字迹可能不那么好看，但客人收到了，总会忍不住拍个照，发个朋友圈。

这些手写的字迹里，有温度，有温情啊。

赵倩身上也颇具文艺范儿，她喜欢写书法，写日记，写情感类的文章，她还是一位拥有一群忠实粉丝的微博情感博主。

昨日包下整个未迟举办草坪婚礼的客人，就是一年前在微博上与赵倩认识的。两人相识的时候，赵倩还未进入民宿行业，她们会在微博里聊一些婚姻、爱情的话题。得知赵倩做了民宿后，这位朋友专程从上海过来，决定要在民宿举办一场婚礼。

为了他们的婚礼，未迟特意把草坪重新清理了一遍，把二期的工程叫停，赵倩也飞速从张家界赶回桐庐。

这是未迟第一次举办草坪婚礼，用餐当天，厨房筷架不够用，小伙伴找到赵倩，问，要不要去山下买一些？赵倩说，要什么筷架呢，去山里找一些叶子，洗干净，将筷子搁在新鲜的绿叶上，不就行了吗？

这样一布置，果然令人欣喜。

"可惜没用手机拍下来。"赵倩笑着说，有些遗憾。

"爱说爱笑，眼里有光"，你看，赵倩不正是那个眼里有星星的人吗？

4

连日雨水，让山中的溪水突然大了起来，哗哗哗，有如瀑布湍流。赵倩指了指溪水对面山上的一幢房子，说："穿过这条小溪，往山上走，有一户农家，我们会带着客人到阿姨家里吃饭，也不用点菜，有什么吃什么。"

"到陌生阿姨家吃饭？"

"我们会事先挑选阿姨，找那些开朗的，愿意与客人打交道的阿姨。这已经是未迟的特色，未迟每家店都会在周边挑选几家农户，作为客人吃饭的场所。"

赵倩刚来未迟时，还带着星级酒店的经营理念，想要搞一些标准

所有嘈杂喧嚣都能溶解进山色里

化的东西，采购一批精致的盘子，做一些高端的菜，甚至想要找一个西餐厨师过来。

　　一次聚餐中，一位"大佬"点悟了她："做民宿，我们就是奔着当地去的，你搞那些标准化，其实我们并不感兴趣，不如直接去当地农家用餐。""大佬"的点拨，让赵倩有了灵感，何必在山里做西餐，不如带客人到当地阿姨家，体验最真实、最淳朴的农家味道！她立即将这个想法执行了下去，开始在民宿周边找阿姨，阿姨们也很乐意，一不小心就将"走，到阿姨家吃饭！"做成了未迟的特色。

　　这才是大家想要的民宿啊。

　　客人来了，阿姨远远招呼，聊上几句，阿姨便转身走向林子里摸出几个鸭蛋，鸭蛋握在手中，还是热乎乎的，然后又一转身，走入厨房。阿姨家用的是桐庐本地的大锅大灶，客人就坐在阿姨旁，边看阿

四季皆可看山

姨做菜，边和阿姨聊天，有的还帮着阿姨生火，喂喂阿姨家养的鸡，或者帮阿姨在菜地里摘些菜。阿姨会教他们几句桐庐话，讲讲自己小时候的故事，聊得开心了，还会讲些山中怪谈、村中奇事。

饭菜上桌，都是当地农家味道，朴实，至味，其乐融融，丝毫没有陌生感，到阿姨家吃饭，甚至成了一些远道而来的朋友最难忘的经历。

人与人情感的建立，其实可以很简单、很朴素，灶台里的烟火气，饭桌上的人情味，才是大家想从山林里获取的东西吧。

5

赵倩自身的经历，也堪称一部励志史。赵倩是山东人，2009 年进入酒店行业，从服务员做起，领班，领班经理，店长，一步步成长，现在是管理公司的 CEO。

她 2014 年关注到民宿行业，就认定这是她想要走的路，于是去莫干山待了几天，这几日下来，更是明确了她的方向。一次偶然机会，她了解到未迟创始团队设计师的作品"十个院子"，无比喜欢，便在朋友圈里问，有没有人认识这个设计师？还真有人认识，朋友将设计师推荐给她，她特意从北京飞到上海。

设计师问："我正好要做一家民宿，你要不要来？"

那次见面，建立了彼此的联系。但真正一起合作，是在见面的两年后。赵倩加入未迟，见证了未迟的快速发展，从一家店扩张到多家店，赵倩不断在各个民宿间转换，去年一直在飞，有时一天飞好几个地方，不断转机。她的行程就是从这个山头到另一个山头，在市区基本不停留，下了飞机就直奔山中。半年里，她没到城里吃过什么好东西，半年里，也没看过电影。

"未来还会回城市吗？"我问。

"不会，回不去了。也不想回去。"

现在也有以前的同事邀请她到星级酒店做总经理，民宿收入和大城市星级酒店收入相比，会少许多，但对于民宿，她就是喜欢。"是真的喜欢。"她补充，"这种喜欢，你来了就能体会，结束一上午工作，你一转头，就看到了山，这种心情无比好。"

一框一框的大面玻璃窗，都成了画框，画框里都是绿，是泼墨山水的写意之绿，这种治愈且迷人的绿色，就在你一转头的距离。

"以前失恋了，会好长时间走不出来，现在失恋了，去山里挖挖笋，在山中走走路，心情莫名就好了起来。"

住在山里，自然就能断舍离，精神、物质都能断舍离。精神上，少了很多无用社交，少了很多酒局、饭局，留下来的朋友，都是真朋友。物质上，吃的也健康，不会去吃麻辣烫、烧烤、火锅，在山里有什么吃什么，也不吃零食，因为买零食太麻烦了，衣服也无须买很多。

山里就是让人舒服啊，你看这雨天的山，好比宋词的长短句，时而青峰连绵如苏东坡的豪放词，时而云岚环绕如柳永的井边曲。山中生活，清清淡淡，从从容容，缓缓慢慢，好像时光永远尚早，好像梦想永远不迟。

陌上橙舍

只想把最好的乡野生活与你分享

文 章衣萍

黄色的土墙被保留了下来，刷白，
到了夏天，屋内格外凉爽。

陌上橙舍的周边配套，绝不输度假村。

只有 8 个房间，却有几亩地的果园可采摘，有数个鱼塘可供垂钓，有荷花池可供养心，有海洋球亲子泳池可溜娃，还有一间有千册书的书房可静心阅读，后山还有几百亩的竹林，可上山挖笋。

用力有点猛，却让客人极度舒适。

1

陌上橙舍位于分水镇的盛村，背靠大山，四周都是农田和住家，被深深浅浅的绿意所包围。

回廊被刷成了橙色，"橙舍"之名因此而来

　　这里是贾建刚的祖宅，也是蕴藏了他童年回忆的地方。后来，他成了村里的书记，这里也一度成了竹笋的加工厂，曾经有了一定的规模，解决了不少村里的用工问题。再后来，为响应"五水共治"的政策号召，贾建刚决定带头把工厂改成民宿，要把绿水青山变成金山银山。

　　2019年，陌上橙舍正式开业。毕竟是祖宅，设计师特意保留了一些带着记忆的老物件。庭院里与爷爷一起种下的香樟树，现在已经遮天蔽日可供人纳凉；老屋柱子继续沿用成了民宿房间的梁柱，讲述着岁月故事；黄色的土墙被保留下来刷白，到了夏天屋内格外凉爽。

　　民宿曲曲折折的回廊被刷成了醒目的橙色，民宿的名称"橙舍"也因此而来。又因为居于阡陌田野之中，就得了"陌上橙舍"这个文艺范的名称。

　　贾建刚的儿子贾侃，曾经在杭州从事电商行业的"90 后"回归乡村，成为了这里的主理人。

　　在贾建刚的带动下，村里的工厂都转型升级，不少也做了民宿。有时陌上橙舍来的客人多了，还能分流过去一些。

2

　　贾建刚带我们逛民宿，第一站就是去果园。

　　四月的民宿，正在各种修修补补，冬天受寒潮影响死去的花木需要重新种植，果园里的小径正在重新铺设，庭院中的草坪需要修剪，工人们里里外外地忙活着。

　　果园里也一样"热闹"。樱桃、桑葚、桃子、杨梅、枇杷排排成林，不少都已挂果，贾建刚如数家珍般一一给我们展示。"到了下个礼拜，来的客人就能有采摘体验了，一直到暑假，这里的水果都不会断。"只要是入住的客人，都能享受到这个福利。"可以随便吃，一家人还可以免费带一篮子。"

　　"要让每个客人都能带点什么回去。"在客人的体验上，贾建刚是花了心思了。没有水果采摘的日子，鱼塘中可以钓鱼，后山竹林里还有笋可以挖，自家菜园子里有新鲜的蔬菜。这好山好水馈赠给贾建刚的礼物，他定是要分享给民宿的客人的。

　　要打理好一片果园并非易事，去年的梅雨季，好多果子都被雨水打掉了。为此，陌上橙舍专门聘用了一位果农打理果园和绿植，这也是陌上橙舍唯一招聘的务工人员。

作为"中国制笔之乡"的分水镇，人人都是勤快人，只要身体不垮，到了 80 岁还能套笔帽赚零花钱。民宿日常的打扫、餐饮等其他工作，大多由贾侃的母亲、奶奶等其他家人兼任。

3

陌上橙舍有一个公众号，关注后的欢迎语就是"你好，认识的不认识的人。"

文章和图片也都文艺而唯美，不急着推广民宿的日常活动，而是细细讲述着打理民宿的快乐日常。

《2020 最后一天是最冷的一天》写的是寒潮来袭，池塘结冰蔬菜挂霜；《那些花那些树那些菜，都急需一场大雨》讲的是夏季高温天为花花草草浇水，《一晃，爬山虎从枯萎到满目绿色，白墙已经看不见了》记录下一棵爬山虎的春夏秋冬。

这些图文都是出自民宿主理人贾侃之手。与父亲一样，好山好水馈赠给人类的大自然的美，他也要分享出去，只是方式有些不同。他通过网络平台，用图片、视频、文字去细细讲述。

他买了无人机和运动相机，又请来摄影师，多次尝试后，终于有了心仪的民宿照片。参考一些公众号的风格，码了推文仔细配上图片，又对接了携程、飞猪、美团等 OTA 平台，优化民宿的图文介绍。最近，他又开始尝试在抖音上学习制作短视频，和公众号的推文一样，视频里有阳光滑过房间，有花朵微微摇曳，有秋千轻轻摆荡。

民宿有关的内容也不全是风花雪月，到达民宿的方式、民宿名

四周都是农田和住家，被深深浅浅的绿意所包围

字的由来、周边好玩的去处，贾侃也一一整理好，纳入公众号的菜单栏中。

习惯了城市的生活节奏，回归自己出生、长大的农村，会不习惯吗？贾侃倒是乐在其中："这样的生活其实不错，忙的时候忙，空的时候空，时间比以前更自由。"

4

想要在周边走一走，也有很多好去处。

陌上橙舍所在的分水镇盛村西接临安，东北与富阳交界，山多地少。有古树、古道、古人类的"三古"历史文化，可在自然山水中感知人文历史。

可爱的多肉也住进了民宿

这里地处云湖省级森林公园，植被丰富、山高入云。盛村与隔壁朝阳村两村百年以上的古树名木就有 300 多株，绝大多数是银杏，另外还有香榧、槐树、山核桃等，其中延村还有一株树龄超千年的榧王。万年前延村古人类留下来的遗址——延村洞也在公园内。

公园内有湖，名生龙湖。有山，叫云湖山。湖山相望、山高入云，形成了"云湖日出"的独特景观特征。还有云湖庙与祈雨潭，寄托了当地百姓祈雨、求平安的心愿。

古道则是指马岭古道。这条青石板铺筑的古道，始于浦江县虞宅乡马岭脚村，终点在桐庐芦茨埠，蜿蜒于浦江、建德、桐庐三地交界处的崇山峻岭中，全长 20 多千米。古道或穿行于林间，或缘溪而上，或经过村庄田间。相传当年徐霞客就曾沿着这条古道，一路游山玩水。

珊瑚岭与盛村仅有一山之隔。贾侃的一张航拍图，可将两个地方留下合影。这里不仅是避暑胜地，还有着网红全透明玻璃天桥。桥全长 209 米，高 66 米，360°凌空造型可实现"空中漫步"，而玻璃碎裂的视觉、听觉特效，给人带来惊心动魄的瞬间。

珊瑚岭的好玩处还不仅仅于此，玻璃道漂流、旱滑、游船、呐喊泉，可以疯玩上一整天。

五一小长假即将来临，陌上橙舍的果园里樱桃、桑葚挂满枝头待客前来，民宿的房间也全被订完。父子二人的五一节，注定是要在忙碌中度过，他们付出的努力和心血，也像这累累的果实，变成了丰裕的收获。

素锦园

那一片田野

文 任日莹

我决定沿着水杉大道开回去，
这次开得慢一点，
再好好看一遍这梅蓉村。

我是在抖音上刷到网红民宿推荐视频时，第一次知道素锦园这家民宿的。视频里有蓝天、白云和田野，田野旁的小露台上摆满了美食，风一吹，连片的草便随风舞动起来。顿时，心生向往。

那一日，决定来一场说走就走的旅行。随即收拾好行李，出发前往桐庐的梅蓉村，那家叫素锦园的民宿。

一路上，景色格外秀美。途经之处，是绵延不绝的沿江绿道，还有一段水杉大道，双目所及，满目苍翠。五月的梅蓉，有点点入夏的意思了，这条数百米长的水杉大道，是通往梅蓉村的必经之路，两侧的水杉直立而上，直插云天，阳光透过水杉叶的缝隙，绰影斑驳，美极了。

"春色满园关不住"

　　穿过水杉大道，没几分钟便到达了素锦园。这是一幢中式的白墙小楼，门前被小庭院包围着。吴大伯正在庭院里打理，听到门铃声，便热情地出来迎接我。打开门，庭院里各式各样的花草、果树映入眼中，想起了诗里的那句"春色满园关不住"。吴大伯告诉我，这院子种的东西可多着咧，不止有花和草，还有柚子、樱桃、石榴、女贞、芭蕉，等等。

"这哪是小庭院，这是个花果园吧！"我惊呼，肯定也不好打理吧？我一边提问一边欣赏起这幅春日画卷来。"确实不好打理，管理这个小庭院花费了我不少时间呢。"吴大伯一边回答，一边拿起一旁的锄头，打算松松土。

不多会儿，吴健从屋里头出来了。他是素锦园的老板，吴大伯是吴健的父亲，吴健说，过上了退休生活的老爸，没事的时候就来帮忙打理素锦园。

素锦园是祖辈留下的宅基地改建的。吴健说，一家人其实已经不住在这村里了。一开始也并没有开间民宿的想法。偶然有一天，回到村里，看着自家院子越长越茂盛的枝叶，门前的富春江水缓缓流过，紧挨着小院的一片绿茫茫的田野，春雨、夏蝉、秋叶、冬雪，皆是景，这么好的地方放着不是浪费吗？然后素锦园就这么建起来了。

来到素锦园，时间会变得很快，因为你要去的地方太多了；来到素锦园，时间也会过得很慢，因为记录这些美好的故事得花费不少时日。

说起素锦园，可能知道的人还不太多，可梅蓉村就不同了，这里是九里梅花十里香的江南村落，是世人隐居的"桃花源"，人们口中常说的"十里洋滩九里洲"。

吴健和我讲起了梅蓉村以前的故事。

古时的九里洲荆棘丛生，还时常会有虎狼出没，哪里有什么人。晋朝以前，或因避战乱，洲上才有了人定居，后来便渐渐形成村落，而梅蓉就是由淤泥堆积而成的村落地。那时候的梅蓉人，生活苦难却

春雨、夏蝉、秋叶、冬雪，皆是景

无奈，为了谋生，开始种植果木。这一种就一发不可收拾了，清朝的时候，梅州九里，栽种的梅树有三万棵，一片葱郁的盛景。

"洲上春深九里花"，道不尽花重梅蓉；"残香犹在野人家"，述不完梅骨风流。古时候的文人墨客就是来到此处，撷香而归的吧。

"中间也经历过梅树被毁尽的年代。不过，1949年以后啊，梅蓉人造渠引江水，沙地改良田；遍植桃李梅，荒滩变果园，九里洲有了巨变。"吴健指着远处的一片山，他说这些都是爷爷的爷爷辈的老人们，告诉他的故事了。

现在的梅蓉村可不比古时差了分毫。村里品种繁多的果树，繁花似锦的村景，土地平旷，屋舍俨然，春花秋实，恬静而富足，慕名而来的游人倒也更添了几分韵色。

　　听他讲那过去的故事，时间过得很快，午后的烈日已渐渐褪去光晕，夕阳开始浮起丝丝的倦意了。

　　吴健建议带我去水杉大道走走，我觉得这个主意甚好，刚才开车路过此地，但总觉得没有看够。说起才知道，原来这哪是一条普通的小路哟，这可是一条网红大道呢。

　　夕阳下的水杉大道，又是和午时截然不同的一番景象了，少了些灼热的朝气，多了些深色的懒意。吴健说，到了深秋时节，这种懒意就更浓厚了，万叶堆积的黄红，越到秋的深处，色彩越发斑斓。而过往的行人则穿行其中，如在画中游。

　　这里的水杉树经历了近 50 年的生长，每年重复着一棵植物的使命：在春天吐新芽，在夏天叶如盖，在秋天染霜黄，在冬天挂冰枝。不过对比水杉漫长的生命年轮，这 50 年的生长周期只是短短一瞬。

　　谁曾想，这水杉大道只是梅蓉村绿道的一部分，继续往下还有 5.9 千米的桐庐县城绿道 1 号线。如果有时间，要继续骑行下去，沿山边、溪边、林边、路边，逶迤穿行，一面是宽阔的富春江，一面是乡野美景。

　　看时候不早了，我们就步行回到素锦园。吴健开始准备晚餐了，他在一楼的露台，最靠近田野的位置，布置起了小桌子。铺上了格子桌布，还在花瓶里插上了白天在山里采摘的野花，摆上倒红酒的器皿。没多一会儿，菜就上来了。

　　鱼是村里江边抓来的活鱼，还有市场里买的一些江鲜，受我之托，还问邻居买了一只自家养的土鸡，做成了香喷喷的烤鸡，看得人食欲大开。忙活了一阵儿，我们坐下来，开始享受美食。

民宿所在的梅蓉村，是九里梅花十里香的江南村落

　　此刻的梅蓉村，美极了，夜幕还未真正地来临，风倒是起了声音，在耳边轻柔地穿过。白天那片翠绿的田野，此时依然青翠，随风摇摆，田野不远处，时不时有大爷骑着脚踏车从镇上归来的身影。在我的视角里，田野咫尺之距，这是一幅油画，来往的行人都在这画布里，缓缓移动。而我们和这个露台上的餐桌，也是画里的一景。这个场景，就是我在抖音上刷到的那一幕。

　　"来，我敬你一杯。"我举起了红酒杯，示意吴健，他也举起了红酒杯，"感谢老板你造出了这般世外桃源之所。"我说。

　　酒劲一来，老板说了更多的故事给我听。他也是个有故事的人，"70后"，除了经营民宿还有份本职工作，别看他年纪不轻了，却是个十足的潮人，也挺爱"折腾"。2011年，他去了大西北，2017年，旅行青藏，2019 年的夏天，走了北疆。民宿仅有的 6 个房间设计都出自他之手，非科班出生，倒是有些专业水准。日式的大床，床前的浴缸，素色的窗帘，拉开窗帘就是梅蓉村的那片林木，二楼的一个房间还有一个小露台，推开门就能看到那片田野。

吴健还是个抖音达人，素锦园在抖音最火的一条视频有几百万的播放量。"这些视频都是你拍的？""对啊，亲力亲为，不难。"那一晚，吴健给我上了一堂生动的视频拍摄、剪辑课，从运镜到画面，从配色到剪辑，从配乐到文案。

夜深了，和吴健聊得格外尽兴。短短一天一夜，远离城市，深入乡野，结识挚友，那算是我今年以来为数不多的高光时刻了。因为第二天有工作缠身，早早地便与之告别了，心有不舍。

我决定沿着水杉大道开回去，这次开得慢一点，再好好看一遍这梅蓉村。

山乡静舍

富春江畔的慢生活 文 宛小诺

错落生长的绿树和盆栽，
在这个初夏的暖风中，
焕发着绿意浓浓的生命力。

1

在山乡静舍民宿客厅的墙上写着三个字："慢、曼、漫"。慢是缓慢，曼是曼妙，漫是浪漫。这是主人邢相坤追求和向往的生活状态，也是他希望客人在山乡静舍能得到的体验。

碧水悠悠的富春江从村前穿过，邢相坤的山乡静舍便悠然立于这一道流淌了千年、被传颂了千年的江水旁。我从杭州来，便是一路随着江水而行。初夏的富春江水，一片翠绿的温柔，映衬着层层叠叠、起伏错落的山影。我们从快速匆忙的城市，渐渐走进了黄公望的画卷里。

　　山乡静舍的屋舍和院落，就如同画中的一个小景。一切装饰和布置都是古朴而自然的。黛瓦屋檐，木门木窗。青砖砌筑的矮墙，嵌着"南极呈祥"的石匾额、图案各异的木花格。院中铺着过去的青石板，旧瓦片堆出一堵小影壁。石桌是老石磨改的，配上老藤椅和石墩。木门上有一个铜门环，敲起来还是"当当当"的清脆声响。

　　错落生长的绿树和盆栽，在这个初夏的暖风中，焕发着绿意浓浓的生命力。

　　高大的榉树，舒展着嫩绿的枝叶，在明媚日光下闪着梦幻迷离的光芒；鹅卵石的院墙，树影落在上面，斑驳摇曳、晃晃悠悠；铜钱草、睡莲、菖蒲长得绿绿油油、蓬蓬勃勃；银杏树下的大水缸里

一切装饰和布置都是古朴而自然的

漂满了浮萍，夏荷已露出水面了；水池里，三尾红色大锦鲤悠然游动。

2

邢哥带我们进客厅里坐。一进门，就闻到一股淡淡的老木头的香气。原来客厅里的梁、柱、檩，装饰用的木门、木窗、木屏风，门廊下的斗拱、雀替，也都是以前村里的老屋拆下来的，留着那个时代的精美雕花，木色斑驳了，全是岁月的痕迹。

邢哥说自己是个怀旧又恋旧的人，对有些年岁的老物件、老家什有难以割舍的情结。所以很多年前，村里那些老房子陆陆续续拆的时候，他就把别人家拆下来的木构件、老家具、旧农具一一买了下来。

邢哥指给我看，这边墙上挂的扁担斗笠、那边墙上摆的篾子筛子……腌泡菜的缸子、酒坛子被插上了一两枝枯荷；老屋拆下的木门腰被装上画框，挂在楼道里作装饰；以前村里喂鸡喂猪的石槽，整齐摆放着，长满了绿油油的铜钱草和胖胖的姬秋月。

他还迫不及待地向我们展示他的木枪、宝剑、小人书、红缨枪，都不是值钱的物件，却是他儿时想要却没得到的玩具，所以长大了——集齐，算是圆了小时候的心愿。

他笑言，开这家民宿或许藏着一个小私心，就是为了安置他的这些宝贝儿。

3

今天阳光特别好，透过敞亮明净的大落地窗，铺满了整个客厅。在这个古色古香的房间里，邢哥很讲究地装置了音效最好的雅马哈和索尼的音响。曼妙悠扬的歌曲，缓缓地流淌在这满室的阳光里。

邢哥身材微胖，说话慢悠悠的，给人亲切、憨厚的印象。和民宿一墙相隔的餐厅，是他妻子开的，已经营十几年了。那时候邢哥在杭州做家具生意，跟家人分居两地。直到有一年年三十，他还忙着生意上的事没法回家，心中油然生起一种疲惫感。一年 365 天忙忙碌碌赚钱，新春佳节还要一个人奔波在外，这样的生活到底图什么呢？

生活是离家的打拼，还是账目上的数字，抑或应该有其他的样子？就在那一刻，邢哥下定决心要回老家了。当时恰逢桐庐县开展新农村改造、创建全域旅游，借着这样的好机会，邢哥打算改造自家的老房子，做成民宿。

打造民宿是个漫长的过程，因为使用的材料都是老木材，不是建材市场可以买到的，他要到周边的村子去找、去等，等待那些要新建房子的人家拆下来了再去收购了来。所以从 2016 年到 2018 年，整整花了两年的时间，邢哥心目中的山乡静舍总算是成型了。

4

山乡静舍的客人主要来自上海、江苏，远的连北京的都有。去年桐庐通了高铁，交通便捷了，来的人就更多了。这几年，村里的基础

木色斑驳了，是岁月的痕迹

设施、旅游设施更加完善，还建了"慢生活体验区"、房车基地，旅游活动更加丰富。客人们来了，可以在江边垂钓，感受东汉严子陵的隐士生活；可以沿着富春江徒步健行，漫步于黄公望数百年前的画卷中；可以逛逛古村，爬爬山；炎热的夏天呢，村后的山泉里还可以玩水避暑。

就算不出门，单单在山乡静舍里，也能打发很多时间。客厅一隅有长长的书案，摆着文房四宝，可以临帖写字。落地窗边的长桌上，水果、坚果和零食不间断，是大家最喜欢坐着聊天的地方。不管主人在不在，客人自行泡茶，煮咖啡，就同在家般自在。

因为山乡静舍有配套的餐厅，住宿里就含了晚餐和早餐，因此更受到游客的青睐。

客厅前台上摆着一个"2020 携程酒店·最受欢迎酒店"的立牌。山乡静舍开业后，就放到了各旅游平台上运营，让预订更为便利。满意的客人会留下好评，让好口碑口口相传；与此同时，不足的地方和客人的意见，他们也能在平台上看到，及时改善。

聊天间，又有客人到了。是从上海自驾过来的，邢哥连忙去招呼他们，带他们去房间。每年基本上到五月，旺季就开始了，尤其是七八月的暑假，来富春江避暑的人特别多，一直忙碌到"十一"后才能慢慢闲下来。

但邢哥乐在其中。相比起以前，他很享受现在这样的忙碌，和客人聊天、喝茶，让他们感到放松、快乐，就是他想要的生活——简单、平淡、缓慢，却内心满足。

山乡静舍一共五层，有 10 个房间。在客房的阳台上望出去，眼前就是富春江的山与水。宽阔江面上，一艘艘驳船呜呜地鸣着汽笛驶过。和煦的暖风摇曳着榉树浓密的枝叶，簌簌簌、沙沙沙地响，一阵阵拂过脸庞，吹得人昏昏欲睡，有微醺的感觉。

范仲淹在《萧洒桐庐郡十绝》里写"使君无一事，心共白云空"。来到这里，面对着宽广的富春江，好像自然而然就会随着那山、那水、那白云慢下来，整个身心都放空了。

初夏暖风中，一切焕发着浓浓的生命力

秘境·山乡生活
听这一树静默的山谷 / ⊗ 麻布

都说人间有三苦，撑船、打铁、磨豆腐，
可苦中作乐的乐更甜，
所以来秘境，记得要磨豆腐。

2014 年的夏天，桐庐的新丰民族村·戴家山村还不算热闹，是名副其实的秘境。

这里是莪山畲族乡海拔最高的自然村，最炎热的七八月份，这山里的平均气温也只有 26.5℃，是避暑胜地。

蝉鸣的夏季，最适合寻山。这一年，六爷寻到了这里，在这空山里、竹林前，盖起了秘境·山乡生活的第一幢楼，取名寻山。

来山里干事业的人，最讲究与自然的亲近，要有生活，也要有野趣。

群山环绕的低谷处、竹林旁，有黄泥和青瓦筑起的小屋。院子前的一片竹海，翠竹高耸挺拔。山色空蒙雨亦

这一树静默的山谷里，她安静，兀自矗立

奇。雨后，这山里包裹的竹林，吮吸着滋润的甘露，布起一片浓郁的轻纱。

　　云雾笼罩中，山顶的溪流缓缓而下，在梯田之上，一级级布满了整座山，又好像登云而入的直梯，偶立天地之间。

　　在寻山生命的最初，还曾经历过一场"浩劫"。房子刚建起来不久，七月的燥热，伴随夏日的狂风暴雨，吹垮了刚筑起的屋体。

　　六爷带着一群人，一砖一瓦地重铸。风雨之后，是重生，是涅槃。

　　现在的寻山，迎来送往一批又一批的客人。他们晨起爬山，徒步竹林间，走完山里的古道，再从梯田归来。落脚寻山，喝上一碗热乎乎的汤。不胜惬意。

群山环绕的低谷处，竹林旁，有黄泥和青瓦筑起的小屋

在 1 号楼寻山和 5 号楼听树之间的是 3 号楼——鹿鸣。木质拼接的大型麋鹿，颇有气势地站在了三间民宿最中心的位置，故取名鹿鸣。

连片的戊密树林，眼前田上湛绿的青青草木，没有一丝空隙可以填充别的杂色，只有星星点点的野花点缀，给苍翠抹上了一丝妩媚。

这只大型的铜色麋鹿，竖着两只角，傲娇而独立。乍一看以为是童话故事里，森林里奔蹿而出的一只真实的巨鹿，在左前方蓝盈盈的池水旁，稍作休憩。

民宿前的木质栏杆，似乎阻拦着它继续往深山里奔跑。其实它细长的四肢，只要稍往前一跃，便能奔向山林里。前方是未知的宁静，后方是夜晚的繁星、篝火与玩闹的孩童，可能它也在犹豫，是否要离开这一处界于未知和人间的秘境吧。

5 号楼，名听树。原本还疑惑，树谈何听？在这屋里屋外闭眼静静倾听，竟真的听出了秘境的一些清新和倦意。穿过湿漉漉的树林，穿过绿油油的梯田，穿过篱笆后头的野花，悄无声息地流淌进我的每一寸肌肤里。

这一树静默的山谷里，她安静，兀自矗立，躲藏在那两棵千年红豆杉后头。这个夏天有点闷热，炙热的光却总要先穿过细密的枝叶，再洋洋洒洒地触及听树的屋顶、窗前，最后透到玻璃的里面。这时候的热度已稍有缓解，明晃晃的阳光并不刺眼。

六爷说，听树是最早筹备的，却是最晚面世的，他对听树的感情也最深。整整三年的打造，在戴家山的云山雾霭里，靠山倚雾，已洞晓万物。

白砖房隐匿于千年古树身后，遗世而独立。站在平缓狭长的阶梯抵达的小坡上，自是收纳了这山这林的所有，却又出奇宁静，屋外溪水潺潺，却只见山谷梯田。

每天，进进出出秘境的客人很多。特别到了旺季，会有一房难求的情况。

从小在莪山乡长大的阿彪，在秘境两年了。二十几岁的毛头小伙，如今能布置整桌的餐食，会采摘、会插花，"要知道刚来的时候我什么也不会。慢慢学呗。"

三个管家在民宿里各司其职地忙碌。七八点的时候，阿彪要去山下采购食材，带回新鲜的蔬菜、水果、肉制品。管家阿杰要去山上摘花、采草，山里头最杰出的插花作品是没有固定版式的，管他什么红黄蓝绿青橙紫，这个季节里有什么花，就摘上几束，再配点小草，就是最好看的。阿姨们收拾房间、准备水果点心，厨师在准备餐食。

山里的故事总是有些意外的惊喜，比如你以为只有山与田，其实一不小心就爱上了在山里干活。都说人间有三苦，撑船、打铁、磨豆腐，可苦中作乐的乐更甜。所以来秘境，记得要磨豆腐。

戴家山村的八月，正是凉拌豆腐的好季节。

第一步是泡豆。捡去黄豆里的杂质，放入水中浸泡一夜，圆溜溜的黄豆便涨成了椭圆形，散发着一股浓浓的豆腥味。

磨豆子是力气活。用石磨磨。抓一把泡好的黄豆扔进磨眼，推着石碾缓慢旋转，一圈一圈，豆浆慢慢地流出磨盘。

这时候，该把磨好的豆浆倒入吊起的布袋中，轻轻地摇动布袋，沥出豆浆，滤掉渣滓。过滤好的生豆浆放入锅内，猛火煮沸，再凉

宁静而致远

到 80℃。

　　这时的浆子变得浓稠，是可以直接喝的豆浆了，喝一口再继续做豆腐的最后一步——点浆。

　　大火煮沸、山泉降温、白色的豆浆几次翻滚，慢慢熬透，等到有了熟透的痂皮出现，便快速舀至铺着白布的木盒子里，然后压上两块大石。豆腐做好了。

　　阿彪说，点浆的水平决定着豆腐的口感和产量，"到了这一步，基本由民宿专业的阿姨来完成了。"

　　磨完豆腐，可以打打麻糍。

　　打麻糍工序复杂。前期需要摘去新鲜的艾草老叶片，再将处理好的艾青一遍遍地用热水清洗，用碱水蒸煮。然后拧干艾青，再一条条

山里的故事总是有些意外的惊喜

剁碎，然后塞进蒸好的糯米。不过大部分人只能参与最后一步——打麻糍。

石臼就是打麻糍的重要器材。抱着一个大木锤，得使上九牛二虎之力。所以这个时候最好随着吆喝声抡起锤子，显得更有力道，砸向石臼里的米团。在抬起锤子的空隙里，手沾热水将一分为二的米团迅速揉在一起……一遍遍重复。

不多会儿，就能吃上自己亲手打的麻糍了。

在决心来到桐庐前，六爷的民宿秘境已经在莫干山经营了一段日子。秘境是六爷对山乡生活的理解和向往。他喜欢安静的地方，大隐隐于市，宁静而致远。但渐渐地，莫干山民宿与他最初设想的宁静背道而驰。

那些几十年、上百年的老藤该是遮蔽风雨的，该是与自然连接的血脉。门前有溪流，屋后是群山，房屋保留着原始的结构，堆满的柴木让民宿充满生活气。但在民宿的屋里头，有干净的水，整洁的床单，可口的饭菜，这才是人们回归乡村最自然的方式。

其实，经营民宿不是一件容易的事，特烦琐、特耗心力。六爷倒是在忙碌里寻得一份悠然自得。这几年，他一直在不同的乡村里走走看看，看山、听水，找寻每一处大山里的秘境。回到秘境民宿里，养花种菜，一样不落下。

都说这个年代，愿意在大山里寻生活的人都是有情怀的人。我倒不那么觉得，情怀是文学里对他们的一些遣词造句而已。

其实他们只是想在山里，找最舒服的方式安顿下来。

一束野花、一杯清茶，似是无声，却默默潜入心底

第三章

日出云归

清风徐来

天空之城

把时间浪费在美好的事物上

文 周华诚

推开天空之城房间的窗户，
每一扇窗外，都有不同的风景。
云起云住，四时山色，
仿佛美好的一切，都能在这里得以感知。

1

一条纵深的峡谷。一座古老的拱桥。瀑布哗然，将春水倾泻而下。

正是春好时候，山上杜鹃花开，天空之城就处在这样的水声与花香之中，宁静又安好。

管家元子出来迎接我们，在桥的对岸向我们招手。

尽管是第一次见面，却亲切得像是老朋友一样。

想不到的是，这个"90后"男孩，是青海人，在这里已待了三年。

元子是在东北念的大学。后来分配到荒凉寂寞的西北

大房子安静地坐落在山间，背靠青山，面对一江春水

山野，在陕北某油田的钻井队工作。

在偏僻的山沟沟里，整个钻井队只有二三十人，清一色的大老爷们。在驻地，除了冷冰冰的机器设备，就只有抽烟和喝酒。

另外，钻井队的工作，真是一个高危职业。虽然收入高，但是时间久了，工友们谁身上没有一点伤疤？不出大的意外，就已经谢天谢地。

人家都说要把时间浪费在美好的事物上，但是这个地方，并不符合元子对美好的定义。

这里最吸引人的地方，正是生活本身

2

"天空之城"，是燕子开在桐庐富春江镇茆坪村的一家民宿。

两座白色的大房子，是用废弃的学校改建的。它们安静地坐落在山间，背靠青山，面对一江春水，静谧又美好。

元子到这里来工作，也是缘分吧。24岁那一年，元子回老家过春节。春节过完，他决定不回钻井队了。

怕大人担心，他谁也没告诉。

那时候，他就想找一个能跟人打交道的工作，跟人聊天说话，也是开心的事情。

在网上看到民宿管家的招聘，他就想试试。他专门在网上看了很多民宿的资料，觉得那是自己想要的生活。

正在招聘的民宿，名字也好听，"天空之城"。他喜欢宫崎骏的电影，一下子就觉得想试试。网上约了面试，然后元子就乘着高铁，一路跨越万水千山地从西安到了杭州，再从杭州一路到桐庐。

满目的绿水青山，满耳的鸟语虫鸣。南方的山水，彻底把元子征服了。

茆坪村，一个历史悠久的古老村庄，听村民说，这个村庄自宋朝建村，至今已有 900 多年的历史。村庄处于群山环抱之中，溪水绕村而过，村落宁静祥和，处处都散发着古朴和雅致的气息。

鹅卵石铺的路面，几乎遍布整个村庄。古老的祠堂与老房子，雕刻精美的牛腿与老人们恬静的生活，都让人觉得这里像个世外桃源。

民宿与村庄几乎是融合在一起的。出民宿不远，走一小段路，就是充满烟火气息的村庄生活日常，村民们在路上见了陌生人，也会主动热情地打招呼。

没用多久，元子就跟许多村民熟络起来了。

村民带着元子去看古老的柏树、香樟、苦楮。清可见底的芦茨溪，绕村潺潺而过。历经沧桑的马岭古道，卵石铺就，被岁月打磨得光滑极了。这条路曾经是通往浦江和义乌的商贸交通要道。

村庄里还有文安楼、胡氏宗祠、东山书院、五朝门、仁寿桥、万福桥……三五步皆可成景。

有朋友问他，你从青海老家，漂泊到陕北的小里，再漂泊到南方的村庄，怎么能一下就静下来了呢？

他觉得，自己理想的生活，就是在这里了。

有诗有远方，有酒有朋友，也永远会有新鲜的故事

3

没想到，这一待就是三年。

他觉得，可能是南方的雨水丰沛，让他像植物一样在这里扎下了根吧。

其实更深的理由是，他在这里，遇见了太多美的事物。

这让元子很欢喜。来到茆坪村之后，他学会了摄影，添置了专业的设备，空下来就去村里村外转悠拍照。

他用摄影的方式，记录着民宿的生活，也记录着村庄里发生的故事。

很多时候，他也带着客人，去古老的村子里走一走，顺便帮着客人们拍拍照。

当客人收到他的照片时，往往惊叹一声："哇！没想到拍得这么好啊！"

这天下着雨，元子带我们去村庄里。他没有带伞。之前生活过的西北，都是缺水少雨的地方。到了南方，他有时也不带伞，喜欢淋雨。

江南的绵绵春雨特别有灵性。在这样的春雨里，万物都绿了起来。

穿过村庄湿漉漉的古道，沿着河岸行走，雪柳正在开花，满枝压雪，沉甸甸的。

现在，依托良好的生态环境与文化底蕴，茆坪村与附近的青龙

坞，浙江省首个乡村"慢生活体验区"——桐庐富春江（芦茨）乡村
慢生活体验区，已经形成了一个颇有影响力的民宿集群。一到周末和
节假日，很多客人就会聚过来。

越来越多的人喜欢上了茆坪村，也喜欢住在天空之城。聊天，拍
照，喝酒，元子也跟很多客人成了朋友。我们问他，长年住在村庄
里，会不会觉得孤独？

他说，民宿的世界丰富多彩，还有那么多朋友，怎么会孤独呢。

我在元子的网络空间里看到他的摄影作品，有黑白的人像写真，
有纪实的民宿活动，也有唯美清新的风景大片。

从他的镜头里，就能感受到无尽的美好。山色青青，流云缓缓。
春天的花开似锦，夏夜的萤火虫与繁星点点，秋天的风，冬天的雪，
四时风景，友朋往来，都收进了他的摄影作品中。

好的摄影作品，要用心才拍得出来。美好的生活，也一样要用心
才能体会。

4

民宿最吸引人的地方，其实还是生活本身。

这是民宿有别于酒店、宾馆的地方，也是民宿最有魅力之处。

天空之城有 11 个标间、5 个大床房、2 个亲子间、3 个特色套房。
元子一间一间看下来，他想，那么多客人喜欢到天空之城发发呆，住
一晚两晚，一定是有什么在吸引着他们到来。

每一个客人都有一个故事。来住民宿的人，仿佛内心都能一下子

打开。喝一点酒，倾诉一下自己的故事，这是愉快的放松。

也有老外来。对方会一点汉语，元子会一点英语。大家相互比画着交流，半懂不懂，居然交流得很好，酒也喝了不少。

有一个夏天的晚上，民宿里突然停了电。正在用餐的客人，一下子有了不安的情绪。这时候，元子把蜡烛点起来，又调了几杯鸡尾酒，喊来民谣歌手弹着吉他唱起来。

现场的气氛，一下子就变得不一样了，充满了浪漫感觉。

这就是民宿，什么情况都可能发生，很多美好都不期而遇。

喜欢民宿的大多是年轻人。元子最喜欢的就是这一点。渐渐地，民宿的生活也变成了他自己的生活方式。

在这里，有诗有远方，有酒有朋友。还有摄影，有美好的镜头。

也永远会有新鲜的故事——因为美好的事情从不缺少。

5

雪梅姑娘，原先在雷迪森酒店工作了六年。后来想回到桐庐，也来到了天空之城。

促使她下决心回来的，一是对民宿生活方式的喜欢，二是对乡村生活的喜欢。

相对于酒店工作的一板一眼、标准化服务，民宿就多了许多的人情味。这里的服务，回归到生活本身。

譬如天空之城的厨师，是老板的父亲，前海军退役人员，喜欢烧饭做菜，就在这里"发挥余热"。每次听到客人说菜很好吃，老爷子

美好的一切，都能在这里得以感知

就特别开心。

雪梅说，在民宿，对客人的服务必须是发自内心的。民宿的主人和管家，首先自己必须热爱生活，同时还要把这一份热爱传达给更多的人。

也许，这是比高端的装修、奢华的硬件更重要的东西吧。

雪梅姑娘来到天空之城，是等着天空之城的第二家民宿开起来之后，她去做管家。

就是拥有一片竹林和一座水库的那一家，名字叫作"天空秘岭"。

雪梅姑娘说，希望到时我们能去那里感受"秘岭"的美好。

对于雪梅姑娘来说，一座民宿就是一个平台，在这里，既能遇到有趣的灵魂，也能完成对自我的丰富。

有的民宿，一时成了网红，若没有长久的吸引力，只会成为过眼云烟。只有那些有丰富内涵的民宿，就像一个人有了丰富的精神世界，才能被人们长久地喜欢。

人与人，因为心性相投，才走到一起。人与民宿也是如此。在哪里会遇见什么人，说是缘分，其实都是气味相投的牵引。

天空之城的老板燕子，英文名字 Sky。因为她喜欢天空，所以民宿的名字叫作"天空之城"。燕子的理想是，"有钱有闲，背包走天下"。

燕子梦想要开 7 家分店，在不同的城市，不同的环境，装修出不同的风格。

也许，每个人都想要尝试七种不同的人生吧。

推开天空之城的窗户，每一扇窗外，都有不同的风景。

云起云住，四时山色，仿佛美好的一切，都能在这里得以感知。

云溪上

我转身向大山走去

文 一大碗

在离我们习以为常的日子很远的地方，
他们长途跋涉，返璞归真，
找到了生活本来的样子。

春末的江南小山，空气开始有了一丝蠢蠢欲动的热气。日头正好，路边林野茂盛。今年虽是竹子的小年，但半竹半笋长势喜人，周围是随处可见的"禁止挖笋"布告。开车上山，一路野花飘香。在接近山顶的地方，跟着路牌停下车。环顾四周，不见人烟，只留一条隐秘小路，透着原始生命力，引导你向草木深处走去，不过百米，便豁然开朗。

这间民宿在一处半山顶平台上。刚推开入门处的围栏，眼前就是民宿的无边泳池，沿着山岸，一片蔚蓝。若躺在水里，咫尺几步，向外探头，隐隐有一种危险而诱人的气息。三座白色斜顶小楼背山向阳。立于屋前向外眺

一条隐秘小路，引导你向草木深处走去

望，山间景色开阔，一览无遗。屋前开出一片迷你草坪，阳光好的日子，便在草地上铺上桌布、搭起帐篷，吃吃喝喝、晒晒太阳；若是水汽大的日子，云雾缭绕，当真是行如云溪上啊。碰上有雨的日子，别急着回屋，撑起伞，就在雨中坐坐，发一会儿呆，也是享受。

更深一侧，还有一间与其他小楼风格不一样的半木质、半玻璃透明房，这是专为客人准备的半山树屋，在这里喝点小酒，听听音乐，很是惬意。每一间房都是山景房，都有可以观山赏月的落地窗。还有那么几间房里，浴缸被安排在了飘窗上，躺着泡澡，转头向外，满目皆是无限静谧的山色。

"你好，我是余味。"他的自我介绍只有六个字，却十分有力。在这个名字背后可以跟着很多标签，比如同济大学室内设计专业、师从

景色开阔，一览无遗

日本大师丹下健三、第一位登上世博会舞台的中国民宿设计师、IFI
国际室内设计师、香港大胤设计咨询有限公司合伙人……

　　但此刻他的身份很纯粹，他是云溪上的主人，来讲一个在魔都过
着007生活的设计师，如何转身向大山走去的故事。

　　2016年，余味第一次来到这个最高海拔500米的长丘田村。与
他一起的还有同济校友、大乐之野的主人吉晓祥、杨默涵，和过云山
居的主人廖敏智。这几位老友倒是有意思，在校时谁也不认识谁，毕
业后，为了各自的设计项目，过着没日没夜遥遥无望的"设计狗"生
活。可是啊，那样的生活并未磨去他们的棱角和意志，他们有企图
心，他们有想要完成的作品。

　　余味曾在文中这样描写到："从事室内设计工作已过十五载。我

经历过苦逼日子，拜过师学过艺，开过公司拿过奖。谈不上名声大噪，圈内也算小有名气。有的时候开始思考：我这辈子就这样了吧！我这辈子难道就这样了吗？"

可能是同济的某种特质作祟，可能是上海的都市氛围煽动，也可能，每一个设计人都想有一个不受甲方爸爸制约、真正全然符合自己想法的作品。某一刻，他们在远离大城市的山间，以民宿创始人的身份遇见，成为朋友。

到山上的时候，村里已经没人生活了，只留下几栋破破烂烂的空房子。过云山居和大乐之野选在了山腰，只有云溪上，一眼相中了半山顶："当时就觉得，这个环境特别好，看出去一马平川，下点小雨，身边飘过的都是云，这种感觉太爽了。"

二话不说，几位好友决定一同拿下这块地方，第一次在国内打出民宿集群的概念。他们的想法很简单，找个能聚头的地方。有那么一段时间，他们去彼此的民宿里永远找不到人，反倒是成天在外头的各种会议上碰着，今天刚在北京会上告别，明天到重庆一看，怎么还是你。终归是需要那么一个地方，好聚在一起做点事情。

很久以后，钟山乡长丘田村已然成为桐庐最标志性的民宿聚落之一，几人还会常常调笑，当年这一带，除了茂盛的百草和苍茫的仙气，啥也没有。余味甚至连自己敲定的那块地都踏不进去——要知道，如今进门那条小道，当年本无路，只有无人慰藉的野草漫山疯长。

更别提通水通电了。在人迹罕至的山里开民宿，总有城市人难以想象的困难。好在余味已有经验，在此之前，他还有过一个更极端的例子：莫干山店刚开业那段时间，云溪上只要 10 台空调同时

每一间房都是山景房，都有可以观山赏月的落地窗

开启，整个村子都会停电。可想而知，那会儿的他得多不招村民待见啊。

但是波折啊，窘境啊，他也总能乐在其中。我问他当下有没有感到焦虑，他愣了一下，反问我，你不觉得这很有趣吗？

"我们就给每个房间去发蜡烛，那些小孩看到蜡烛高兴得都疯了！"讲着讲着，他眉飞色舞起来，"你要知道，在杭州、上海多少年没停过电了。所以城里长大的小孩看到蜡烛都很开心，还问妈妈：这是什么东西……"有了经验，桐庐店提前做了准备，自然顺遂了不少。

和余味聊天，是件起兴的事儿。聊着聊着，他会突然问你，"你知道日本人为什么喜欢买机场周边的地盖房子？因为我家上面这块天都是我的，航线从他家上面经过，每年要给他付补贴的……"

这是和民宿主人聊天最大的乐趣，他们总能把话题扯到豁天豁地，看似飘摇，却总归围着生活的圆心，不至曲高和寡。

而同样的，喜欢住民宿的客人们，也不惮于对生活的细节投入感情，建立与陌生人的联系。譬如前些日子来订房间的那个姑娘，为了给同行的男友一个生日惊喜，特意联系了民宿的主人和管家，想要偷摸着准备一个特别的礼物。民宿人的日常，好玩就好玩在这里，时不时要提供一些"特殊服务"——比如一个秘密的同谋。

那姑娘兴奋地在微信群里噼里啪啦发了好几条，请管家在床底如何如何藏起礼物，又如何如何揭晓惊喜。信息一经发出，群里却沉默了。过了会儿，管家回了一条，"你都说出来了，还有什么惊喜。"下一秒，他就@了正在群里潜水的男友本人。原来这可爱的姑娘一兴奋，就搞错了群……

"没有生活情趣的人，是做不了民宿的。"在余味看来，比起设计、资本、经验，对生活的热爱才是民宿人的底色。

这天中午，我在民宿的云膳餐厅，加入了余味夫妇和朋友的聚餐。十几年餐饮经历的餐厅主厨，为客人悉心准备了一桌美味时令菜，让人胃口大开，可以连吃三碗饭。听他的太太兴奋地安利自家做的酱萝卜，又跑进后厨专门为朋友打包了一份带走，感到了一丝欣羡。

在离我们习以为常的日子很远的地方，他们长途跋涉、返璞归真，找到了生活本来的样子。

大大的落地窗，让人尽情拥抱山峦与阳光

隐陌溪上

名字里的秘密 　　文 孙 雯

山无名，当地人叫它双溪口，
这样的时节，山上覆着绵延的翠竹，
无论有风还是无风，
它总能荡起干干净净、起起伏伏的绿意。

溪上，入了很多古诗。

700 多年前，以"溪上"为题——赵孟頫说，溪上东风吹柳花，溪头春水净无沙；刘秉忠说，芦花远映钓舟行，渔笛时闻两三声。

只是，他们写的都不是隐陌溪上的溪上。

不过，在初夏的雨天里，我在桐庐遇到的隐陌溪上，又分明是从古诗中走来的。

碧水，烟树，河床上的芦荻，隐于林中的白屋……当我自一片连绵的青山绕转而下，并以为这条路在绿荫的覆盖之下永无尽头时，它在右手边的山脚下，豁然而起。

隐陌溪上。

正是想象中的样子。

隐是隐居，陌是陌生——亦有阡陌之意蹦出脑海，溪上则是傍水而居的姿态。

1

一座民宿的性格，往往就是一个人的性格。

见到隐陌溪上主人徐英，我更笃定了这个判断。

在隐陌溪上逗留了两三个小时，说起来，这不是一次特别深入的采访，但是，在与徐英的交谈中，一个性格分明的隐陌溪上呈现在面前。

那天的雨，断断续续。因为雨，山腰堆起了白云，因穿云而过，山又愈加显得高耸了起来。山无名，徐英和当地人一样，叫它双溪口，她喜欢这山——尤其是这样的时节，山上覆着绵延的翠竹，无论有风还是无风，它总能荡起干干净净、起起伏伏的绿意。

而山脚下的那条河，是富春江的一条支流，大家称它水埠——本来，它是河岸旧有放排之地的称谓。所以，对于初次面对这条河的人而言，这个名字听起来怎么都不像一条河。但是，在岁月之中，水的流动与人的往来，就在这"水埠"二字之中。

几年前，徐英兜兜转转寻到这里，一眼就喜欢上了。

有山，奔腾的河便安稳了；有河，沉静的山就秀丽了。是啊，河的另一端，那水明明阔大幽深，只是因为拐过那片山，就开启了明亮的流动，奏出哗哗的乐声。

　　显然，这片山水给了徐英最初的信心，否则，它呈现不出今天的样子。

　　隐陌溪上诞生之前，这片溪畔的那些旧屋、土路、农家乐的样子，依然存在徐英的手机里。如今，除了山势依稀，几幢主要建筑仍然立在原地，再看这座山庄，无论是外在还是内里，都换了新颜。

2

　　山庄的缘起，不过一个简单的喜欢。

　　徐英喜欢花木，喜欢山水，喜欢悠然而居的日常。在走过了许多地方之后，她和要好的姐妹们约好，找一块好山好水作为养老之居。

此地有崇山峻岭，茂林修竹。
拔地通天，擎云捧日

当隐陌溪上在桐庐的山间水畔生长出来的时候，姐妹们却四散世界各地，各自忙于生活与事业。而徐英，将为自己和姐妹们打造的理想生活，慢慢演变为一群人的理想生活。

每一株花木，每一片草皮，都是徐英的心思。所以，当很多民宿谈论着那些听起来非常高级的设计理念时，隐陌溪上就显得独一无二。因为，它呈现的是徐英自己的想法。走在陡然而起的后山上的林荫之间，我突然觉得，那些攀附高树又累累低垂的紫黑色的树莓，似乎也在按照她的心意生长。

高大的栗子树，正在扬起花穗，整个山庄荡漾起鹅黄色的清香。它们是这座山庄变化的见证者，几十年前，居住此地的村民在山隙的厚土中栽种了它们，并在树下夯筑了土屋。作为见证者的它们，一定从未想到，脚下杂乱的草木被梳理成风景，而那些土屋变得更为雅致而坚实。

如今，这些栗子树也有栗子树的幸福，它们站得高远又俯首相看，对整个山庄有了然于心的把握，就像徐英那样。

3

因为徐英而改变的不仅仅是山水草木，还有为隐陌溪上而来的人。

徐英几乎能讲出每位员工的故事，听那些故事的时候，我似乎能跟着她进入当时的场景，此时，便觉得她不是一位管理者，而是与员工相处了许久的家人。

巍巍山势依旧，而山庄已换了新颜

    一位在上海一所名校读书的女孩，为了买一台电脑，利用假期到山庄工作了一段时间。徐英赞赏这些以劳动获取所求的孩子，他们上进又有职业精神。当一位客人无意间针对那个女孩说出不太得体的话时，徐英当即制止。她说，她必须保护一个年轻人的尊严。

    附近村落里的一位女性，几十年未去过桐庐县城，甚至未出过大山，在与伴侣的相处中，一直不能获得平等的对待。徐英看出了她生活中的不快，鼓励她首先要摆脱在家庭中的经济依附关系，从而赢得自主与自信。过了不久，徐英非常欣喜地看到她全然不同于之前的样子。

    一位贵州来的男青年，在最近一次返家时说，因为回家结婚可能不会再回山庄。徐英尊重他的选择，但也提供了另一种选择——何不

山庄的缘起，不过是一个简单的喜欢

把女朋友带到山庄一起工作，山庄将为他们提供单独的宿舍。如今，
一对年轻人，在这里安心从事擅长的事。徐英看着，也满心欢喜。

4

正因为有徐英，很多人愿意以隐陌溪上为家。

所以，虽然隐陌溪上不是网红民宿，但是它有自己的铁杆粉丝。

几位远道而来的长者，每个月总会来小住几天。他们年轻时走遍
世界，也付出了常人难及的辛劳，如今他们退休了，有时间可以追寻
梦想中的生活——恰好走到这里，恰好这里的溪畔生活，就是梦想中
的样子。

他们和徐英成了朋友。

事实上，每一位与隐陌溪上有交集的人，徐英都以友人相待，包括初来乍到的我。

那个有雨的午间，在隐陌溪上的露台餐厅里，和徐英聊起这间山庄的缘起。糖排、油爆鳝、清炒紫苋、青椒丝炒土鸡蛋……她让大厨做了几样拿手的杭州菜，每一样都色香味俱佳。露台餐厅的席位不多，但是一个中午，客人换了一波又一波，他们有些人不是山庄的住客，只是为这里的味道而来。

一盘鸡蛋韭菜馅的饺子端上来的时候，我着实吃了一惊。闲聊之中，我说起自己是山东人，而饺子对于山东人而言，常常意味着家的味道，是每一次远行或归来的饭桌上必不可少的食物。

对我来说，这是一个惊喜，但在她看来，又是平常。因为在和客人的相处中，她总是找来最好的时蔬，最鲜的溪鱼，让厨师制作可口的杭州菜，同时又考虑到每个异乡人的口味。

我们聊隐陌溪上，又不仅仅聊隐陌溪上——比如，我们聊到女性何为——包括家庭生活，也包括社会角色，对此，她有独到的心得。而我，十分心安地获取了她如一位姐姐般传授的人生经验。

这些，与隐陌溪上有关吗？

当然。

当我再次去打量那些山水、草木，以及那些独具风格的房屋，徐英的个性隐于其间。

在杭州话的发音里，"隐"与"英"，相差不大。想到这里，我意识到隐陌溪上还有另外的含义——

是的，这座山庄的命名里，藏着徐英的名字。

瑶山谷

山野林间，归去来兮

文 吴卓平

山里的生活，无疑是平静的。
平静就是不争，心平气和。
无为自在，物我两忘。

5月，桐庐合村乡，瑶山谷。

谷主周仕龙捧着一杯茶，讲了很多故事。

多得好像倒满了几十年的年月。

六年前，走出大山、已在杭州打拼经营了 20 多年的他回到了小山村，承包下整座山谷，改建老房子，以极大的热情开始了一场唤醒与重构的"回归"之旅。

1

从杭州市区出发，经富春江，驶上一条沿山公路，前往山谷环抱中的金星村。

道路、建筑，都依顺着山形而为之

　　一路上，江南的温婉渐渐消失，远山沟涧、满野薄暮愈发显现出来，像极了《溪山行旅图》中的一景。

　　而在蒙蒙细雨中造访瑶山谷，无疑是幸运的。

　　恰好是春末夏初的时节，雨中的景致有一种不同平日的空灵气质：老苔荫湿，山竹空蒙，石阶泛亮，土屋蜷坐，溪涧清流，万物生长。

　　山谷之中，道路、建筑，都依顺着山形而为之。顺，是中国人的世界观。顺势而为，自然便有随遇而安的悠然自在。彼时，金星村的村民，选择在此处定居，想必是选择了不争。

　　而村后饱满的山势十分壮观，好似是对小山村的护佑。

房子在山谷间散开，溪涧环绕，掩映在一片葱茏的色彩里

　　在群山的俯览之下，村舍、亭台、景观，上下错落、曲折相依，石脚、石阶、石坎巧妙凸出处皆是座席，可歇息、可聊天、可晒太阳，可盘算节庆家事，可想心事，还可牵挂思念。

　　可事实上，这样一个藏在大山深处的小山村，在没有打通盘山公路之前，出发或是抵达，皆是非常困难的。

　　几年前，因山高路远，山中的几户村民陆陆续续搬离，奔现代化而去。

　　而此时，早已走出大山、在杭州打拼、经营事业 20 多年的周仕龙，却重新回到了金星村。我笑称这是一场"逆行"，但在周仕龙看来，这是一趟有趣且有意义的"回归"之旅，"34 岁那年，我离开了小村，走出了大山，去城里打拼。现在，我又回来了，当然，回来的目的也很纯粹，就是想做点事。"

"60 后"的他，带着"90 后"似的热情，谋划着在这一片山野里做点实事，为家乡的新农村建设添一把力。

吾心安处是吾家，心之所向皆为乡。

不过，任何一个场所如果需要生存，就必须和当代人的生活方式产生联系。因此，场所本身的特质与属性必须要与充盈其间的内容相匹配。

功能需要转身！

周仕龙决定用"民宿"的方式让空间转向，使山谷之中的金星村从世代祖居转化为"体验式"短居，并根据环境带来的意蕴，将民宿的名字定为：瑶山谷。

瑶山，正是生于斯、长于斯的故土；而谷，恰是聚气、吐纳之所在。

2

对于瑶山谷来说，"他"的性格中天生就带着亲近自然的基因。

只是站在山门处，还未走近，便已能听到清泉之声，十几栋小楼围绕着周仕龙家的老房子在山谷间散开，溪涧环绕，掩映在一片葱茏的色彩里。

如今，谷中又种上了一万株绣球。正值花季，山谷像是打翻了调色板一样，蓝的、绿的、白的……套用一句专业摄影师的术语——色彩层次很丰富。

跟着谷主参观、游览这片山谷，最是惬意不过。如今，他已精准掌握每条山径的曲折方向，一边走，还一边向我细述这座山的迂回地貌，沿途有花有树，他像导赏员般向我详细解说花姓树名及它们的前世今生。

"我的规划和初衷，就是让山谷中的道路、溪流、建筑、景观等一切都依山顺势而为，这能让山谷拥有一种悠然自在的气质，做到不破坏、不添足，更能让人们看到村舍、树木、溪流的原貌。"

正因为如此，我在山谷中看到了长着青苔的石板路，看到了土得掉渣的夯土墙，而屋里却是超五星级的舒适体验，拥有大落地窗、露天浴缸……各种家具和饰品也都是采用最高环保标准的产品。

"瑶山谷的营造原则就是将山村旧有的风貌尽量保留，留下几十年积淀的生活记忆。同时加入现代元素，将现代的生活文明植入山村。"

当然，我也注意到一个细节，客房里没有电视，但每个房间都拥有大庭院，还有专门用于聊天、喝茶的特别空间。

"当初，我甚至一度考虑过不装 Wi-Fi。毕竟这里不是城市，就应该彻底丢开手机、电视，不要再把城市里的节奏带过来了。所以，我对所有来客的建议就是，或者好好跟家人、朋友说说话，或者去亲近山野、自然，好好享受没有打扰的山谷隐居生活。"在周仕龙看来，城市与农村，现代与传统，新与旧，似乎没有哪一个能独立而存在，而只有基于对人和自然的深刻理解，才能借这一片山野完成人与自然的完美沟通。

农村人来到城市，然后又渴望回归到自然；城市人来到农村，渴望找到一种理想化的生活方式，回归到人的本源状态。

这是周仕龙所想表达的，关于回归的另一层意义：

归于自然！

3

山里的生活，无疑是平静的。平静就是不争，心平气和，无为自

山谷天生就带着亲近自然的基因

待在谷中，可享受山野村夫的生活

在，物我两忘。舒服地好好活着就成了生活的全部。

重返山乡，无疑也慢慢地改变着周仕龙的生活。如今，他把公司业务大胆放手给晚生后辈，除了重要公务和会议才会外出，平日里，他就待在谷中，享受着作为山野村夫的生活。

每天操持着农具，做些农活，打理野茶山，种些花草果蔬，照顾猫猫狗狗，他的身体和精神状态也变得越来越好，"待在山上，人想要什么东西，不想要什么东西，心里已经非常清楚了。"

两年前，他还把自己的那栋老房子取名为"原来"，"走出大山之前，我就一直住在这栋房子里，甚至还是我的婚房。回乡后，我依然住在这里，很多朋友慕名来到瑶山谷，走到这栋土楼前，脱口而出的第一句话往往是，'原来这就是你的老房子'，原来的房子，原来的生活，我索性就命名为'原来'。"

出走半生，回到"原来"。

对于周仕龙来说，这算是回归的更深层意义：长途跋涉之后的返璞与归真。

一个人的时候，扫扫地、看看云。有朋友的时候，白天晒晒太阳，聊聊天，到了晚上，酒吧、茶吧、花房，谈天说地。这正是他想要的生活。

放下一切，回归自然的，不仅仅是身体，更是一种心境。

凤栖·西金坞

来这大山里头当客人

文 麻 布

"山哈是什么意思？"
"很快乐的山里人，山里的客人。"

1

四五月，春末初夏之交，大概是一年里最惬意的时节了。

李婕背起小锄头，正打算去小山坡上大干一场。看到我们和她打招呼，她也停下脚步，向远处的我们招手。"嘿，你们来了，一起去干点农活吗？"树影斑驳的地面，光束打在李婕的脸上，此情此景，更是明媚。

在桐庐的西金坞村，一家叫凤栖·西金坞的民宿不远处，有了和李婕的第一次碰面。还没有来得及坐下来喝杯茶，我们随即拿好各自的小锄头，跟着李婕挖笋去了。

这小坡上的春笋已经冒出一手掌的尖头，是可以采摘

乡村生活带给人一种安宁自在

的样子了。用锄头先把周边的土刨松，再向外刨土，挖到差不多的时候，最后用一记大力砍下这笋。没一会儿，我们就挖下了几棵大笋。

"晚上可以加菜了。"李婕说，她每天没事就爱上山挖笋。惊蛰后，正是吃春笋的季节，笋质鲜嫩。"当地的农民很不容易，在这山里挖的笋最多只能卖一块钱一斤。"李婕说到这个话题的时候，有了点小感伤。"所以我们要来这村里好好规划建设，先富的城里人应该带动后富的村里人，乡村生活的未来应该更具活力啊。"李婕感慨。

当然，顺便还能当个村花。

"村花"这个词太适合李婕了。在西金坞村走了没多一会儿，偶遇的村民和她都格外熟络。"婕姐，晚上要吃鸭子吗？"那是英姐，生活在西金坞村很多年了。"今天有客人！我们自备食材了！"李婕

这里有着得天独厚的自然生态。环抱着青山绿水，
湖水潺潺流动，鸟儿逗趣地鸣叫

转头回应道。不多久，又在坡上遇到了强哥，他是李婕在村里最早认识的村民，还曾因挖笋弄坏了强哥家的两把锄头。

李婕有着满族血统，亦是守陵人的后代。她性格特别开朗，喜欢的东西很是洋气，年轻人懂的她都懂，既看不出她已经是两个孩子的妈妈，也看不出她曾是一名女程序员。

两年前，李婕第一次踏上西金坞村的这片土地，绵延不绝的青山，静静流淌的湖水，这里是莪山畲族乡所在村落，有特色的民俗民风。李婕脑海里一闪而过，这几年重点打造的"未来酒店概念"，在这里是有未来的。"我当时就决定要在这里扎营了"。

2

李婕到了西金坞村后，就在后山建起了一幢楼的民宿小院，取名凤栖·西金坞，还在迎客的民宿大院前方的湖上围起了一片池塘，做上了景观。

第一幢民宿建成后有 10 间房，每间房的装修风格偏向于简约工业风。民宿的墙上挂着画家笔下的西金坞村，从清晨到夜幕，栩栩如生的画面。透过凤栖·西金坞的每一扇窗户，能看到西金坞村不同维度的每一面。

这里有着得天独厚的自然生态。环抱着青山绿水，湖水潺潺流动，鸟儿逗趣地鸣叫。民宿的跟前还有三棵年事已高的"老人树"，两棵樟树的树龄已有 200 年之久，其中一棵的冠幅达 16 米，树高 16 米，还有一棵枫香则高达 22 米。路过此处的游人，大多会被大树吸引驻足，端详上好一会儿。到了夜晚，淡黄灯光映衬于湖面，泛着两圈微红，使人微醺。

"这只是我们计划里的第一幢民宿，接下来，周边的村民住宅也将相继被改造成民宿。"李婕说。

交谈间，民宿的另一朵"花"王歆予从湖对岸向我们走来。她是李婕的助理，也是合伙人，主要负责民宿项目的落地。不过比起合伙人这个称呼，她更喜欢我们叫她"银角大王"。

"李姐是金角大王，我是银角大王，我俩就是来这山里巡山的！"曾经在国企工作的她，因机缘巧合走进西金坞村，并决心投身民宿事

夜幕降临，静听山风，再沉沉睡去

画家笔下的西金坞村

业。她的言语总是丰富而生动，自然的山乡生活赋予了她灵感。

西金坞村确实幽静，每日的清晨，鸡还未打鸣，就可以去山上走走了，呼吸新鲜空气；然后回到凤栖·西金坞，用个早餐，和李婕、王歆予唠唠家常，都说有趣的灵魂重 800 斤，那她俩的灵魂加起来可以压垮一个无趣的人；下午，就背上锄头去挖笋了，有闲情逸致的还可以钓钓鱼，据说当地的鸭蛋黄特别金黄，正是因为吃了小鱼；夜幕降临，静听山风，再沉沉睡去。

3

鼓乐迎宾，迎亲，拦路，对歌，畲族新娘头戴凤冠、身着凤凰装，新郎身着传统畲族服饰……都说畲族的婚嫁很是浪漫，畲族的民族舞蹈更是优美。前不久，在西金坞村，畲族姑娘们为一些远道而来的客人献上了寓意吉祥的"彩带"，原本幽静的村落一下子热闹起来。

桐庐的莪山畲族乡，是杭州唯一的少数民族乡。1875 年，畲族人从文成、青田一带迁入，至今，雷、蓝、钟、李仍是当地的主要姓氏，畲民依旧使用畲语，并保持着婚丧嫁娶、祭祖祭祀等传统习俗。

住在西金坞村的雷启龙就是畲族人。他的曾祖父从广东迁徙至浙江温州一带，爷爷这辈又带着家人从温州来到桐庐。"畲族是游耕民族、迁徙民族，那时候的畲族人就在不断地迁徙。"到了雷启龙父母这一代，就在这大山里安顿下来了，雷启龙也成了西金坞村的孩子。

2020 年，雷启龙和李婕不谋而合，决定在西金坞的大山里头做点事，李婕负责搭建框架，雷启龙则要填补一些内里，一边建造民宿、引流客人，一边挖掘畲族文化特色。

畲族有趣好玩的文化特色可多了。

在畲族乡，有一种古法酿造方法。畲族的先辈们，会把自己手工制作的红曲酒，当作珍品享用或招待尊贵客人。这几年，来莪山的人越来越多，红曲酒渐渐走出了"深闺"。

勤劳淳朴的畲族妇女，大多是编织刺绣的能工巧匠，如编织的彩带，花纹多样，配色美观大方。

乡棍凳、竹竿舞、五步拳、七步拳、大回拐棍，这些都是很有畲族特色的武术、民歌和舞蹈。

"不能让祖先的东西丢失了。"雷启龙想通过文字、视频等形式，将这些文化继续传承下去，也萌生了拍摄二十四节气故事的想法，主角是他们祖孙三代人，关于畲乡四季三餐的生活。

"山哈是什么意思？"我问，在西金坞村时常会看到山哈两字，比如"山哈风景区"。

"很快乐的山里人，山里的客人。"

雷启龙是快乐的山里人，李婕像是山里的客人。他们在山上造未来。

<h1 style="text-align:center">4</h1>

李婕怀第二个宝宝的时候，就住在凤栖·西金坞，每天吃着大山里的米，大山里的菜，呼吸着山里的清新空气。如今，她带着宝宝继续在这山里过着乐活的生活，一边忙工作，一边安于生活。

未来的十年，乡村究竟会在哪里，李婕的心里是有答案的。

这里是山水、林田、湖草，是蓝天、白云、阳光，是自然赋予人类的镜像。可乡村不该这么机械和单调，这不是十年前的中国乡村了，那些自然景观与数字科技也该不谋而合的。所以，乡村是更具象、更便利的，这才是未来乡村的全景。

李婕和王歆予那一个晚上都在侃侃而谈，她们脑海里的西金坞村和凤栖·西金坞是这样的。有一家小酒吧，调试了一杯中式鸡尾酒，打底的基酒是中国的黄酒或者小米酒；吃着中式 BBQ，吹着山风，天猫精灵发出了请求提问"您需要？"早晨，起床后，养生主题的套餐已备好……

我听着听着入了迷，这山村的生活是不是太小资、太惬意了一点！

那一晚，我做了个决定，以后我要来这西金坞村住一段日子。来这山乡间感受畲乡人的热情，来这远山近湖之处修养身心，来这大山里头做一回客人。

山里夫人
以天为盖地为庐

文 一大碗

在这座平静的大山面前，
都市生活的疲惫瞬间消散。

    山里夫人，一个安静又热闹的地方。

    它藏于毛山中，第一次去时，定得用导航指路。沿着不规整的土路，由主人袁彬恩亲自引导，见到山腰前巨大透明的白色气泡球形的小屋，便是找到目的地了。它又像世外桃源，过了小口便豁然开朗，顺石子小路而上，漫山果蔬，时而收获树莓，时而养蜂采蜜，好不惬意。

    可若是以为这地方清幽僻静，那又是误会一场。和果园面对面，小路另一侧，烧烤的孜然和肉香，四散出一种旺盛的热情和生命力。再往里走走，小路蜿蜒收窄，两侧均是果树包裹，脚下碎石随着脚步，嘎吱嘎吱，有节奏的脆响，衬得山间更静了。

远远看去，就像一个吹弹可破的大气泡

待到小路又撒开口子，便是山地越野赛道的起始点。喜欢寻找新鲜感的男孩女孩们，经简单指导后，就可以在这儿租一辆小越野车，沿着 10 千米长的山路赛道，环山一周，以自由且安全的方式，放肆享受山间的野风。山路深处，还有正在筹备中的真人 CS 场所。

小径的另一头，是我们要寻找的，山里夫人的泡泡屋民宿。

2010 年，法国北部城市鲁贝第一次出现了一种名为"泡泡屋"（Bubble Tree）的奇特"建筑"。它们由再生塑料制成，用静音鼓风机吹气，保持气压。远远看去，就像一个吹弹可破的大气泡。

泡泡屋，来自"异想天开"的法国设计师杜马斯（Pierre Stephane Dumas）。他用最简洁的材料和最少的能源，把人的居住空间，完全投进大自然里。没有了硬邦邦的墙壁和屋顶，人与天地的距离，仅仅隔着一层透明塑料。清晨，顺应着日出的第一缕晨光醒

213

以天为盖地为庐，世上再没有别的声色了
夜晚躺在房间床上，星星就在咫尺之间

不仅可以享受慢生活，也能获得新鲜感和冒险体验

来；夜晚躺在房间床上，星星就在咫尺之间。以天为盖地为庐，世上再没有别的声色了。很快，泡泡屋在 INS 上成为网红地标，引起了全世界的瞩目。不少人专门跑去法国，打卡泡泡屋。

而彼时，地球另一头，桐庐毛山，尚且是一个不为世人所熟知的小村庄。在那之前的几年里，原本的二十几户村民，全都陆陆续续移居山下，其中也包括袁彬恩未来的妻子和她的家人。故土难离，可那时，年纪尚轻的她对山间生活的记忆不深，自然不能理解她父亲的乡愁。直到后来，父亲姚罗庆承包了这片山，在山间种起了蔬果花木，回到了这片故地。

2016 年，在杭州创业的袁彬恩来到毛山，看到了眼前这片 300

亩的树莓、香榧、茶叶……20多种蔬果连绵，深处还有天然溶洞，自然景致与地理条件浑然天成。在这座平静的大山面前，都市生活的疲倦瞬间消散。山野的风吹过这个年轻人的发梢，将大城市生活的重负一一抚平。

于是，他开始思考，如何能让更多的年轻人走进这座山，体验山中生活。2018年，他决定，以"极致野奢"的理念吸引年轻人，将度假民宿的项目引入毛山，让来到这里的客人，既可以深入自然的角角落落，享受与城市不同的慢生活，也能获得人们所热衷的新鲜感和冒险体验。

既然要做，就要做些别具一格的。袁彬恩的目光，被这种另类的泡泡屋所吸引。当时，国内的泡泡屋仅南京有一家，为此，他与伙伴专门开始了勘察学习之旅，从零开始四处取经。

为了既能与自然亲密接触，又能保证客人的隐私安全，袁彬恩将5间泡泡屋的位置放在了与公共活动项目相背的另一侧平坦山顶。这是件多么浪漫的事情啊。只要躺在山里夫人房间里的床上，就能清晰地看到屋外无边辽阔的山景。然而，在山顶盖泡泡屋这件事，远比袁彬恩预想的要困难——事实上，即便是南京的泡泡屋，也是在平原草地上建的。且不说供水、供电、通下水道，光是拓开道路，就耗尽了力气——这毛山里都是太湖石，需得凿石开路。要想维护泡泡屋的正常运作，泡泡屋运营所需的设备，也比普通民宿更为复杂，每隔5年，这些食品级的塑料泡泡就得更新。而即便如此，为了保证客人能在大自然环抱的泡泡屋里，享受到一切现代生活的舒适，袁彬恩甚至将空调、浴缸都搬了进去。

2019 年 10 月 28 日，山里夫人·泡泡屋特色民宿开张了。这"山里夫人"一名，正是指他青梅竹马的爱妻。络绎不绝的客人，从全国各地慕名而来，其中不乏一些白皮肤的外国客人。有时，姚罗庆看着来订房的客人也奇怪，"有一次，一位客人专程从贵州坐高铁过来，专程到这里来住一晚。"姚罗庆挠挠灰褐色头发，一脑门子写着不可思议，"现在的年轻人路子多胆子大，就喜欢新鲜的刺激的。"

每天，姚罗庆都要去泡泡屋里仔细巡查一遍，充气电机是否持续运作、热水有没有问题。要知道，这里若是停电，可不只是一片漆黑那么简单，还会有塌房的风险。最搞笑的是刚刚开业那回，山下有人砍树，一不小心压倒了电线，这一停了电可好，泡泡屋差点就瘪了。

还有一次，姚罗庆清晨 5 点被泡泡屋里的客人 call 醒，一个慌张的男声告诉他，泡泡屋塌了，让管家赶紧来看看。去了才发现，泡泡屋运行良好，没有故障。可确实，泡泡已然漏气漏了大半。房里的男孩半梦半醒间一脸懵，不知道发生了什么。姚罗庆一下子明白了，是有人故意"使坏"呢。

原来这房里除了男孩，还有他的女友。小情侣原本说好，早上一起起床看日出。时间到了，奈何那姑娘怎么也叫不起来男朋友，只好怏怏地独自出发。一时气不过，就动了点小手脚——把房间两扇门同时开着，便走了。等到过了一会儿，男友梦中惊坐起，发现情况不对，屋子已经塌了一半了，男孩不知所措。

姚罗庆赶紧安抚他，其实早在入住之初，管家就会与客人一一阐明，这住泡泡屋的要紧事项，其中正包括这一条，不能同时开门。若是真的开了，漏了气，处理起来也并不难，只要及时把门关上即可。过一会儿，泡泡屋自然也就恢复满满元气了。只是突发意外，男孩一下子忘了。也因为这样，这些"遭遇不幸"的客人，却很少会对山里夫人有所不满——总归回过头来想想，这样搞笑的经历，居然莫名还有点好玩儿。

这也是山里夫人最吸引人的特质。如今山里夫人的泡泡屋民宿，也已成为桐庐民宿里的网红之一。一到节假日，就非常抢手，不提前预订很难住到。而袁彬恩的山里夫人并没有就此停下。他心中正在谋划更加新奇有趣的民宿体验。不久后的将来，或许客人还能在这里体验房车民宿和太空舱民宿。

凤溪玫瑰园

黄校长的乡村理想　　文 若 狂

裙裾飘舞的白雪公主，
和七个憨态可掬的小矮人人像，
把玫瑰园点缀得仿佛童话世界。

1

"这是罗马洋甘菊，做精油最好了。"

"这个是天山雪菊，泡茶喝特别香。"

"啊，这香蜂草，做精油最难炼，出油率特小。"

走进门口有一顶很艺术范的拿破仑帽子草蓬的凤溪玫瑰基地园，扎着丸子头的小拓带我认香草。园子里有100多种香草植物，有的一畦畦整齐划一种在平地上，有的散落在山岗土坡或小路两边的灌木丛下。即便像我这样一位多年植物爱好者，面对这些从未见过面，甚至连名字都没听说过的匍匐在泥地里的一株株小苗，也像一位被扫盲的

慢生活、自然教育、共享经济……皆是玫瑰园的特色

小学生一样，认真地听着应着惊叹着。

而小拓全情投入充满自豪地介绍着，仿佛他是一个资深植物专家，其实不然，这位"90后"男生到凤溪玫瑰园工作，也才两个月时间。学的是IT专业，之前在北方老家矿场上班，因为矿场停业，亲戚介绍，来到桐庐三鑫村的凤溪玫瑰园，山清水秀的环境让他一下喜欢上了这里。又因为喜欢，两个月时间，愣是从一个植物盲，升级成现在能如数家珍地介绍百来种香草的"专家"。

可是小拓说，要是今天祝老师在，那你才真正开眼界呢！

小拓说的祝老师，是凤溪玫瑰园请来的真正的香草种植专家，而基地园，其实就是祝老师的"拓香农场"。在一个几百平方米的白色蒙古包里，小拓带我参观祝老师的斯卡布罗集市。时值初春，集市里

开满鲜花的园子像极了童话世界

各色苗株虽然低矮瘦小，却都透着小小少年般的精气神，一个个在育苗盆里茎枝舒展，蓄势待长。有些我认识，有些没见过，小拓又是带着相当自豪的神情给我介绍——这是祝老师从中国台湾带回来的薄荷，这是祝老师从德国带回来的茄子，都是种子育出来的……真是让我大开了眼界。

种这么多香草，干什么用的呢？走，我带你去看看做精油的机器。在一台像蒸锅一样的家伙面前，小拓跟我说，那天他和祝老师把两大捆迷迭香放进去，只滴出两毫升的精油。不过当时空气中弥漫的香气，把每一个走进来的人都熏倒了。

小拓以前不知道精油有多好，有一次脚扭伤，祝老师给他在伤处抹了点精油，小拓亲眼看着刚刚还肿得像馒头的脚踝，几分钟后就消了下去，难以忍受的疼痛也立马减轻。太神奇了！小拓一边感叹，一边带我走出基地，来到路对面的玫瑰园，指着一块园地告诉我，这里将来要建一个香疗花园，用植物的芳香做各种身体疗愈。

2

玫瑰园位于桐庐三鑫村，这是一个合并后的大村。原来三个自然小村，散落在三座山脚下，两条溪水穿流而过，中间有一块很阔的平缓地。早年，因为年轻人都外出打工去了，大多数土地被荒置，后来有人在这里种植玫瑰，但因为经营不善，千亩玫瑰产业一度停滞发展。自从桐庐人黄伟舜接手这块玫瑰地，创办了"凤溪玫瑰"后，三鑫村成了一个"浪漫小镇"。慢生活、自然教育、共享经济、乡村旅游……这些都是黄伟舜的凤溪玫瑰项目入驻以后打造起来的特色牌子。

下过雨的玫瑰园，在远处山岚的映衬下，显得仙气十足。裙裾飘舞的白雪公主，和七个憨态可掬的小矮人人像，把玫瑰园点缀得仿佛童话世界。因为来得太早，玫瑰还没开，生机盎然的枝条上，顶着一串串湿润饱满的花骨朵。

"再过一个月，你四月份再来，就能看到一片玫瑰花海啦！"凤溪玫瑰旗下的亲子运营公司营多好公司的余总觉得没有让我看到千亩玫瑰花开是件很遗憾的事，初次见面便热情地向我发出邀请。

余总自称黄伟舜的发小。来这里之前，做过外资企业和民营上市公司主管，由于认同老同学的理念，所以当黄校长发出邀请让他来帮忙管理凤溪玫瑰园时，毅然放弃了大城市的高管职位，回乡，和黄校长一起，开启了他们的乡村理想事业。

在"谷壳"蒙古包里，余总跟我讲得最多的是黄校长的故事。

2004 年，北漂人黄伟舜带着北京媳妇回到家乡桐庐。在老家芦茨村，黄伟舜把爷爷留下的几间老房子大刀阔斧改造设计，建了"芦茨土屋"民宿。2008 年，芦茨土屋正式开门迎客。房屋的建筑就是"儿时爷爷家的样子"，8 间房，充分保持了原生态的乡村土屋特色。按黄伟舜自己的说法："为了把北京的媳妇儿娶回乡下来，就盖了芦茨土屋。"

北京媳妇当然留了下来，黄伟舜也过上了自己想要的悠闲的田园生活——每天清晨 6 点多，睡到自然醒，吃爱人煮的自家土鸡蛋早餐，然后拿起画板，给女儿香草画成长漫画。午睡过后，下午 3 点，和朋友在自家客厅泡茶品茗，畅谈未来。傍晚，陪爱人采摘自家种植的蔬菜，烹一顿健康且美味的原生态晚餐。

2008 年前，长三角地区没有一家真正意义上的民宿，黄伟舜算是开了一个先例。来的客人，有北京、上海的，也有中国香港、韩国的。这种躺在露天可看到星星，开门能闻到田野气息，甚至出门还能偶遇几只散步的芦花鸡的陶渊明式的田园居生活，让蜗居城市的现代人十分向往，也让黄伟舜深感乡村资源的潜力——现代人已将田园度假当作一种生活方式。因此芦茨土屋只是一个开始，几年后，石舍香樟接着又建了起来，在黄伟舜的外婆家石舍村。村里有一棵 1200 多年的香樟树，一条小溪沿着村子流淌，10 个木屋营地建在原生态的村落坡地上。黄伟舜将石舍香樟形容为一个部落："只要你认同这样的生活方式，部落随时欢迎你，包吃包住包干活！"

在这里，黄伟舜开始做自然教育，10 个营地各自划分了功能，草堂是专门学琴棋书画的教室，向日葵营地则是阅览室，阿凡达营地是个大书屋……"石舍学堂"的创立，让民宿人黄伟舜成了黄校长。

其实建石舍香樟的初衷是因为女儿香草。女儿出生后，在培养过程中，黄伟舜发现中国绝大部分孩子的童年，被困在各种补习班里，完全找不到他小时候与萤火虫"对话"、和小伙伴"过家家"、与小鱼儿"做游戏"的那些单纯的快乐。他不想让女儿的童年也这样无趣，他希望未来女儿能在自然粗犷的环境中成长，像他小时候那样。

为了娶上北京媳妇儿，盖了芦茨土屋，为了女儿快乐成长，造了石舍香樟，那么，凤溪玫瑰园又是因为什么机缘呢？

一幅新型乡村田园综合体的美好画卷正在绘制

3

建好芦茨土屋民宿后，黄伟舜渐渐发现，乡村田园生活已经被越来越多的城市人所向往。2015年，他把眼光转向凤川街道三鑫村，接手那片停滞发展的玫瑰园，从村民手中，以入股形式流转土地。

这一来，当地村民的生活也来了个大转身。原来这里的村民以种植水稻为主，年收入仅几千元，入股凤溪玫瑰园后，村民们每天在玫瑰园工作，不仅时间自由，收入也增长了几十倍。这份家门口的"浪漫工作"，让三鑫村村民最大程度地共享了土地的利益，凤溪玫瑰园也成了黄伟舜的"乡村理想3.0版本"——他在玫瑰园，绘制了一幅共享共建的新型乡村田园综合体的美好画卷：清晨在玫瑰的芳香中醒来，采一束带着露水的玫瑰，制作成纯露精油；午后，在阳光下的玫瑰园中喝茶，品尝玫瑰甜品；傍晚夕阳下，享用着鲜花与自酿美酒组合的晚餐……

然而，这只是黄伟舜乡村理想的一部分，他一直没有忽视教育。

"黄校长想在这里造一个学校，一个有别于常规的未来学校。"

"在这个学校里，学生除了学知识，还可以和有相同兴趣的同学一起做自己喜欢的事。在这个学校里，每个学生都可以保持自己的天性和天赋，在属于自己个性的小团体里成长。他们从学生娃时期就开始创业……"

"事实上，基地就是学生的自然教育课堂。从种子播种进土里，到看见小苗破土而出，之后除草、施肥，见证植物的生长，100 多种香草不仅用于芳香疗愈等应用，还给孩子们用来体验自然种植的乐趣。基地里有一块阔大的草坪，就是孩子们的快乐营，'爱壳'蒙古包是孩子们学习手工绘画的课堂……每个寒暑假和周末，从各个学校来的学生会分批走进基地园、玫瑰园，体验教室之外的神奇世界。"

余总向我这样描述的时候，我想起杭州湘湖边有一个"湘湖未来学校"，那是叶翠微校长的教育乌托邦。我又想起 100 年前提倡并践行乡村教育的陶行知先生，他是中国教育乌托邦的第一个倡仪者。于是我无比坚信几年后在美丽的画城桐庐，也会立起这样一所幸福而美好的未来学校，那是桐庐人黄伟舜的教育乌托邦。

绿芦驿

隐秘的花园 / Ⓧ 麻布

如果恰逢春日，
山头的繁花似锦，
就都写在窗户里头了。

　　某一个雷电交加的下午，我们赶了一场雨路。山里的路并不好走，加之暴雨如注，实在疲惫不堪，便决定在山里寻一处落脚之地。

　　芦茨溪边，一幢低矮的两层小楼。

　　墙面覆满绿色的藤蔓，枝条向墙壁四周不断延伸，紧密严实地包裹住了整个屋体。大门上的铜漆已然剥落，泛深红，旧旧的，很有年代感。这样的门庭点缀在爬满绿藤的楼前，倒是多了几分别致，好似置身于欧洲小镇的神秘花园，后面隐匿着一座神秘的古堡。

　　画中芦茨，门前溪流。此时的溪水，没有了平日的宁静。雨滴四面八方地从高处跌落，溅起一圈圈的涟漪，随

好似置身于欧洲小镇的神秘花园

即退却。

远处雾霭层层，氤氲缱绻。那一座原本通往对岸山林里的吊桥，没有了往日的嬉闹，多了几分遗世独立的宁静。

雨水的节气一过，从白梅、野樱，再到新竹，都在山间争先恐后地冒芽了。"春色三分，二分尘土，一分流水"，苏轼笔下的细雨与春色，大概是在传递此情此景。

不一会儿，雨停了。

绿芦驿的主人家赵小姐和管家阿丽开门，迎我们进屋里。

简单参观了一下民宿，清流瓦、陌上花、云垂野、松风慢、竹扉汀、溪桥驿、碧玉梢，是七间房间的名字。从美式乡村、中式青花，到日式清雅、复古撞色，想寻找的任何一种理想生活，可能这里

画中芦茨，门前溪流

都有。

在溪桥驿的阳台上，可望见清澈的溪水，和三三两两在溪水里嬉闹的孩童；云垂野的大浴缸，面山、面水、面竹林，夜半之暮，清晨之曦，都与自然相接。如果恰逢春日，山头的繁花似锦，就都写在窗户里头了。

空山新雨后，亦有晚来风。

小坐休憩，阿丽便与我们闲聊起来。她是桐庐本地人，但不是芦茨村的，是隔壁村过来的。这是她在绿芦驿当管家的第三个年头，春秋与冬夏，尽数领略过一遍。

阿丽感慨，在这里的日子，时间变得很短，忙忙碌碌，迎来送往，闲暇之余栽花种草，短到记不清，明天是几日几时。

　　从民宿客厅的窗户望向左方的露台，即使光线幽暗昏黄，仍能看见大片大片的植物盆栽。

　　我和朋友起兴要去看看，阿丽立刻戴起白色手套，"走，赵姐正在那边忙活呢。有时候啊，她一天时间都在摆弄这些宝贝。"

　　"那你呢？"

　　"我可是门外汉，一直到现在，有时候还会被赵姐批评。"阿丽说着，就自顾自地笑起来，"但比起刚来的时候，我也知道怎么照顾这些植物了。"

　　大露台正对着进门前我们看到的那些景致，青山绿水与溪流竹林，还有那座一眼可以望到头的吊桥。

　　和赵小姐简单地打了声招呼，她正在专心地给多肉换盆添土。青凤凰、蓝黛莲、星美人、冬美人、若绿、毛海星，花园里的多肉多到数不清，上百盆不止，且品种各异。花园里还有很多别的鲜花绿植，蔷薇、绣球花、芍药、牡丹、鱼腥草，眼花缭乱。

　　今年，花园里的茶花树上，还多了一位"不速之客"。不知何时，鸟儿在茶树上，筑了一个温馨的鸟巢，在此繁衍栖息。现在鸟巢里还多了几只小鸟，在密密麻麻大片大片的绿色里，它们悠然自得，与绿芦驿的人和景和谐共生。

　　其实养护植物是门力气活。夏天要驱蚊虫，秋天要打理枯枝叶。根部太粗壮，就需要分盆装置，浇水早上一次，晚上一次，大太阳的时候不能浇水，细节上可马虎不得。这花园里几百盆品种各异的多肉，都有专用土栽培，它们对阳光和雨水的喜好也各不相同。

　　赵小姐说，蓝黛莲是非常强健的品种，叶片比较薄小，对水分需

空山新雨后，亦有晚来风

求不多，正常浇水即可；冬美人却非常喜欢日照，可全天进行；星美人对水分的需求很少，冬季浇水需要在温暖的中午，且水量要少。

……

　　光是要记住这些多肉植物的各种喜好，都能把人累得够呛，一般人可能真做不到。但在绿芦驿的这几年，她几乎每天都在重复这些事。

　　"其实这些花花草草，你要把它们当作自己的孩子。"此时的赵小姐又在花园的另一边，摆弄起另外一些植物来，"养孩子当然难了。你要知道它们的脾性，与它们交流。"她除草翻盆的时候总是特别全神贯注，偶有间隙才能与我们插上几句话。

这些植物更像是与她朝夕相伴的孩子，每天都得惦记着。今天，晒太阳了吗？今天，淋雨了吗？每个季节，是不是都有被很好地照顾？

我想，赵小姐和植物之间，大概是有些不解之缘的。就像有些人潜心爵士音乐的创作，有些人则热爱铜雕艺术的钻研。很多事，不是发自内心的热爱，是很难持之以恒地坚持下去的。

"年轻时候，在城市里为了事业疲于奔命。到了 40 岁那一年，身体状况不佳，便开始重新思考人生。"赵小姐说，也正因如此，开始放缓脚步，享受生活。

40 岁那一年，她带着朋友和孩子来到芦茨湾。在缠绵的春雨里，漫步于逶迤的林间小道，脚下是潺潺清溪。当时，绿芦驿所在的这幢老房子已经废弃许久，年久失修的房体也只剩下两层的木质结构。

"我便租下了这幢房子，一开始只是喜欢这个地方。"那一年，内地对于民宿的概念还比较模糊，真正在做这件事的人也不多。

赵小姐有在世界各地旅行的经历，也去过中国的宝岛台湾，见到了起步较早的台湾民宿，是如何从无到有，逐渐成熟的。她萌生了想把这幢老房子打造成民宿的想法。一开始真的只是一点喜欢的念头，突然就有了更大的想象空间。

在芦茨湾这一带，有很多民宿，但最早的精品民宿，可能算是绿芦驿了。这么多年过去了，赵小姐始终坚持的是，只要有客人在，哪怕整间民宿只有一位客人，她也会亲力亲为地服务。

植物，像是与主人朝夕相伴的孩子

"他们需要的不仅仅是一个房间，或者是吃一顿饭。他们需要可以交流的人和话题，通过我们去更好地了解这里的自然与人文。当然，从中，我也能有不少收获。"赵小姐说，这几年，她的心态有了很大的转变，从前心浮气躁，还是个急脾气，现在遇事会冷静地想一想，再找寻解决方案。在这山水之间，养植花草树木，睡眠质量提高，心情也愉悦不少。

下半年，绿芦驿要二次装修了。提升整体环境后，迎接更多热爱这方水土的客人。

赵小姐说，干这行的都有点情怀。但光有情怀是不足够的，民宿与自然的融合，民宿主与民宿、自然的融合，互相汲取养分，才是最生动的状态。

责任编辑：王佳慧

责任印制：冯冬青

封面设计：中文天地

图书在版编目（CIP）数据

借庐而居 / 稻田读书主编 . —北京：中国旅游出
版社 , 2021.10

（中国民宿生活美学）

ISBN 978-7-5032-6793-2

Ⅰ.①借… Ⅱ.①稻… Ⅲ.①旅馆—介绍—中国
Ⅳ.① F719.2

中国版本图书馆 CIP 数据核字（2021）第 179974 号

书　　名：借庐而居

作　　者：稻田读书　主编

出版发行：中国旅游出版社

（北京静安东里 6 号　邮编：100028）

http://www.cttp.net.cn　E-mail: cttp@mct.gov.cn

营销中心电话：010-57377108，010-57377109

读者服务部电话：010-57377151

排　　版：北京中文天地文化艺术有限公司

印　　刷：北京金吉士印刷有限责任公司

版　　次：2021 年 10 月第 1 版　2021 年 10 月第 1 次印刷

开　　本：889 毫米 ×1194 毫米 1/32

印　　张：7.5

字　　数：166 千

定　　价：68.00 元

I S B N　978-7-5032-6793-2